Ai miei genitori

Bernardino Ramazzini

La salute dei principi
ovvero come difendersi dalle malattie e dai medici

A cura di Francesco Carnevale

Traduzione dal latino
di Francesco Carnevale,
Maria Mendini e
Goffredo Traquandi

TOSCA

Progetto LCD Graphics, Firenze
Pellicole Focomposizione Tassinari, Firenze
Stampa Tipografia Il torchio, Firenze

© Copyright 1992 Editoriale Tosca srl
via de' Castellani, 8 - 50122 Firenze
tel. (055) 280560 fax (055) 280561

ISBN 88-7209-023-7
Printed in Italy

Sommario

Presentazione *di Giovanni Giuliano* 7

Introduzione *di Pericle Di Pietro* 9

COME DIFENDERE LA SALUTE DEI PRINCIPI
 di Bernardino Ramazzini

Al Principe Serenissimo 15

Al lettore benevolo 19

Indice dei capitoli 21

Capitoli I-XIV 25

Nota dei traduttori
F. Carnevale, M. Mendini e G. Traquandi 153

La vita di Bernardino Ramazzini 155

Le opere di Bernardino Ramazzini   163

La salute dei principi   189

Bibliografia delle opere di Bernardino Ramazzini   199

Bibliografia generale   205

PRESENTAZIONE

Da molti anni ormai, la figura di Bernardino Ramazzini domina il panorama storico della Medicina del Lavoro. Agli anni oscuri e lontani dell'oblio, nei quali l'opera dell'illustre carpigiano è vissuta nell'interesse e nella considerazione di pochi esperti del settore, sono subentrati quelli successivi del riconoscimento dei suoi grandi meriti di docente universitario versatile e illuminato e di clinico attento e perspicace, aperto, oltre che al momento tecnico professionale, anche alle istanze della solidarietà sociale: aspetto, quest'ultimo, sicuramente avveniristico per l'epoca. D'altra parte, del tutto peculiare deve essere apparso ai colleghi contemporanei il suo interessamento per le malattie dei lavoratori, da lui per primo studiate in maniera sistematica e con metodologia che precorreva di circa tre secoli alcuni punti fermi delle attuali procedure: ci si vuole riferire, in particolare, alla pratica dell'anamnesi lavorativa (*"...liceat quoque interrogationem hanc adjicere: et quam artem exerceat"*) e del sopralluogo ambientale (*"Ego... neque indecorum credidi in viliores officinas pedem quandoque immittere et... artium mechanicarum secreta contemplari"*, *De morbis artificum diatriba*, 1700) e alla valorizzazione dell'indirizzo preventivo.

Si può affermare che oggi la figura di Bernardino Ramazzini rappresenta una sorta di mito nell'ambito della Medicina del Lavoro e che se — come spesso accade per i miti — essa è stata talvolta "utilizzata", va tuttavia riconosciuto che l'approccio di gran lunga prevalente è stato quello dello studio serio e approfondito, in particolare della sua opera *De morbis artificum Diatriba*, più volte tradotta in lingua italiana. Altrettanta fortuna non hanno avuto, purtroppo, altre opere del Ramazzini, tra le quali una citazione particolare, per originalità e interesse storico, merita la *De Principum valetudine tuenda Commentatio*. Sono state verosimilmente queste considerazioni — nell'ambito più ampio del suo specifico interesse per gli scritti di Bernardino Ramazzini — a indurre il dott. Francesco Carnevale ad assumersi il compito di curare la traduzione del latino dell'opera citata e di corredarla di un contributo personale diretto ad illustrare la vita e le opere dell'illustre autore. Compito tutt'altro che facile (anche per chi, come lui, non è nuovo a simili iniziative, avendo recentemente realizzato la traduzione della *De morbis artificum Diatriba*), assolto con ottimi risultati e pieno merito. Nei 14 capitoli sono esposti concetti fondamentali, prescritti indirizzi di comportamento e norme igieniche — alcune ancora attuali — da osservare, espresse considerazioni ispirate a buon senso e saggezza, in ogni caso privilegiando il momento preventivo. Alla traduzione del testo originale fa seguito, dopo una nota dei traduttori, una seconda parte, di notevole utilità ed interesse per il lettore, nella quale vengono, ad opera del dottor Carnevale, illustrate la vita e le opere di Bernardino Ramazzini. Una dettagliata bibliografia chiude il volume, la cui lettura gradevole e per tutti istruttiva, va specificamente raccomandata a chiunque abbia interesse agli aspetti storici ed evolutivi della Medicina Clinica in generale e di quella del Lavoro in particolare.

Prof. Giovanni Giuliano
Presidente della Società Italiana di
Medicina del Lavoro e Igiene Industriale

Firenze, giugno 1992

8

INTRODUZIONE

Nell'agosto del 1709 Bernardino Ramazzini — come risulta da una lettera del giorno 28, indirizzata al nipote Bartolomeo — cominciò ad applicarsi alla stesura di un lavoro, che aveva in animo di dedicare al principe Francesco d'Este, il futuro duca Francesco III. Si tratta della *De Principum valetudine tuenda Commentatio*, che fu pubblicata da G.B. Conzatti a Padova nel 1710.

Comunicò questa intenzione anche all'amico Antonio Magliabechi, il 14 ottobre di quell'anno, aggiungendo di ritenere che "veruno habbia trattato questa materia particolare", essendo a conoscenza soltanto dello scritto di Marsilio Ficino, *De Studiosorum sanitate tuenda* (Firenze 1489), e di quello di V. Fortunato Plempio, *De Togatorum valetudine tuenda* (Bruxelles 1670).

È evidente che tal pensiero gli era venuto alla mente nella scia del suo Trattato *De morbis artificum Diatriba*, allargando le sue indagini sul lavoro degli operai alle forme morbose che possono derivare dal modo di vivere di una particolare categoria di persone, cosa che in parte aveva già fatto parlando delle malattie dei cacciatori, dei marinai, dei soldati e simili, concludendo poi l'edizione del 1700 della *Diatriba* con una dissertazione: *De literatorum morbis*.

Nel trasmettere al Magliabechi questa sua intenzione, gli espo-

9

neva anche l'opportunità di avere dei documenti sui Principi, tanto antichi che moderni, onde dare "qualche vaghezza" al suo scritto. Si rivolgeva pertanto a lui per averne suggerimenti e notizie: sapeva infatti che l'amico, oltre ad avere una profonda cultura letteraria, viveva da anni in rapporto con la Corte di Firenze. Gli suggeriva in particolare di fargli avere notizie sul modo tenuto dai Principi nella loro vita, specialmente circa

aerem cibum potum somnum et vigiliae, motum et quietem, excreta et retenta, et animi patemata.

Di questo elenco di punti da considerare nella stesura del suo scritto l'ultimo si presenta di particolare interesse: egli infatti si rendeva conto che ai vari aspetti della vita, che potevano avere influenza sulla salute dei Principi — come del resto anche su quella di altre persone — era necessario aggiungere gli *animi patemata*. Sulla vita dei principi potevano incidere notevolmente le preoccupazioni di governo, il senso di responsabilità ed altri fattori psicologici legati alla vita di corte, causando una serie di disturbi che oggi conosciamo con il nome di psicosomatici.

Presentando il suo lavoro al Lettore, Ramazzini espone anzitutto un parere, che potrebbe esser considerato scherzoso, ma che certamente era stato scritto dopo ponderata considerazione:

non semel conditionis Principum misertus sum, qui cum ex aliquo gravi morbo decumbunt, magis periclitantur quam caeteri homines, dum a Medicorum multitudine, etiam si velint, cavere non possunt.

Non dimentichiamo che anch'egli aveva conosciuto a Modena la vita di Corte, essendo stato Archiatra del duca Francesco II. Nei capitoli del suo lavoro egli segue più o meno gli argomenti che aveva elencato nella lettera al Magliabechi, introducendo con una specie di giustificazione del suo operato: il titolo del primo capitolo, infatti, dice che

Ad publicam felicitatem plurimum conferre bonam Principum valetudinem; ideoque peculiari diligentia custodiendam

cioè che la buona salute dei principi è utile non solo ad essi, ma anche ai loro sudditi.

La *De Principum valetudine tuenda Commentatio*, venuta alla luce nel 1710, fu ben presto molto apprezzata, anche all'estero, tanto che già nel 1711 veniva ristampata a Lipsia e nel 1712 ad Upsala.

Pericle Di Pietro

Modena, giugno 1992

La salute dei principi

Di Bernardino Ramazzini

De Principum
valetudine tuenda
Commentatio

AL PRINCIPE SERENISSIMO

PRINCIPE SERENISSIMO,

Essendomi stato concesso due anni fa, quando mi trovavo a Modena, di rendere di persona i miei umilissimi ossequi alla tua Serenissima Altezza, e di poter ammirare allo stesso tempo l'animo generoso con il quale Tu tieni del tutto fede, sia in pace che in guerra, al tuo avo Francesco I, mi colse vaghezza di rendere onore, primo fra tutti, al Tuo Nome con qualche dono letterario. E di certo tollerai malamente di non avere niente di pronto e, dal momento che la mia salute, quella che se ne sta ben salda al mio fianco quale inseparabile compagna, non era fiorente, di non poter approntare tanto in fretta qualcosa che ritenessi degno di Te. Quel desiderio è dunque rimasto impresso nella mia mente e mi sono reso conto di essere tormentato da una non lieve preoccupazione, dal momento che non avevo a portata di mano un argomento quale lo desideravo, che contenesse veramente altrettanta novità quanta utilità e che si addicesse di più ai Principi nati per la Reggenza dei popoli che agli altri.

Finalmente la Fortuna venne incontro ai miei desideri e, mentre passavo in rassegna i miei libri, come è solito accadere, mi capitò in mano l'opera di Marsilio Ficino, *Come salvaguardare la salute dei letterati*; mi parve allora che mi prendesse forma lì per lì l'argomento che cercavo; questo fece sì che io scrivessi un trattato, *Come difendere la salute dei Principi*. Senza dubbio, a ben guardare, di nessun genere di uomini la salute è più malferma che quella dei principi e soprattutto quella di coloro nelle cui mani c'è il massimo potere, il che certamente avviene per varie cause, ma in particolar modo per la vita condotta con scarsa sobrietà; per costoro, infatti, nutriti tra le delizie e le laute mense non è tanto facile, come per gli uomini comuni, conservare quella sobrietà e quel tenore di vita che promette buona salute e longevità. Non c'è alcuno che non sappia quanti servi fatichino per la pesca, per la caccia e per le peregrine uccellagioni, e quanti numerosi cuochi si adoperino giorno e notte a preparare gli alimenti per la tavola ricercati per ogni dove e per condirli con misture di difficile identificazione, perché le mense appaiano imbandite con pompa regale. Chi dunque, in mezzo a così grande varietà di banchetti, in così grande sfarzo e tra tanti allettamenti dell'appetito che langue, e soprattutto quando un qualche grande Principe deve essere accolto in ospitalità, come molto spesso accade nel Palazzo Estense, che è il più ospitale di tutti, chi, ripeto, sa essere custode tanto severo della sobrietà da comportarsi con moderazione e da non assaggiare qualcosa dai singoli piatti?

Nondimeno è tuttavia fattore che genera le ostruzioni la diversità dei cibi assunti, per quanto in piccola quantità, quanto lo è la saturazione di un cibo semplice; infatti non può accadere che cibi di natura non solo diversa, ma contraria, si amalgamino in un unico insieme e non suscitino grandi rivolgimenti nello stomaco. Di qui niente di più frequente che vedere Principi, anche se prima in buone condizioni fisiche, o giacere ammalati o troppo presto morire per una vita troppo lussuosa e non condotta come è conveniente; così comprendiamo che certe malattie particolari hanno scelto per sé una dimora nei palazzi, come la colica, la calcolosi e soprattutto la gotta, per la quale è piacevole riposare mollemente in stanze dorate e in giacigli ricoperti di porpora. Tu, Principe Serenissimo, hai certo davanti agli occhi un grande esempio di Temperanza e di tutte le Virtù, cioè il tuo Serenissimo Padre, la cui vita consiste in una scelta attenta dei costumi, con il quale confrontarti come davanti ad uno specchio; tuttavia potrai ricevere da questa mia fatica alcuni precetti, per regolare la tua salute con sobrietà vivendo al sicuro. Non è mia volontà, peraltro, persuaderti a leggi tanto vincolanti, come già a suo tempo Ludovico Cornaro, patrizio veneto; e non devi, in questa età non ancora matura, rattristare nella sua condizione il corpo di cui la natura ti ha dotato, tanto elegante e decoroso, vivendo in modo eccessivamente sobrio; né del resto a te, divenuto più adulto e nato per il pubblico bene, potrebbe essere sempre lecito scegliere i momenti per assumere il cibo: ti basti mostrare una giusta misura, secondo quel famoso detto del comico "niente di troppo, niente di troppo poco". Come dunque a Te interessa godere di una salute irreprensibile, dal momento che "la vita non consiste nel semplice vivere, ma nello star bene", e percorrere tutte le tappe della nostra condizione di mortali, così anche ai sudditi interessa moltissimo avere un Principe sano, robusto fino all'estrema vecchiaia, perché lasci un successore destinato a vivere più a lungo. Perciò accetta questo mio dono, qualunque esso sia, che ho l'ardire di presentare in ossequio alla Tua Altezza, con quella benevolenza che è propria della stirpe estense ed è tradizione di famiglia, e mostrati il nuovo Mecenate che tutti sperano; così, infatti, con il mio esempio, le opere dei Letterati, che al Tuo Nome si ispirano, accorreranno nel tuo grembo; su dunque, entra nella schiera di quei Principi che reputano egregio e magnifico seguire con favore i cultori delle Scienze e delle buone Arti, e già da ora abituati ad essere invocato con preghiere.

ALLA TUA ALTEZZA SERENISSIMA

Padova, 1 Settembre 1710

L'umilissimo, sempre debitore e devotissimo
Servo e Cultore
Bernardino Ramazzini

AL LETTORE BENEVOLO

Riesco ad immaginare l'accoglienza che i medici riserveranno a questa mia opera anche pensando al fatto che il mio editore, il quale ha sempre stampato i libri a sue spese, si è rifiutato categoricamente di fare la stessa cosa con questo perché, egli dice, il titolo non è tale da sollecitare i medici a comprarlo. Questi infatti prediligono di gran lunga i libri che illustrano le cure delle malattie a quelli che trattano di argomenti sulla difesa della salute; inoltre pesa il fatto che troppo pochi medici sperano di poter essere chiamati alla corte del proprio principe. Pur comprendendo le ragioni del mio editore, ho deciso di attuare il mio progetto dando alle stampe questo mio lavoro pensando con ciò di fare cosa utile anche se a pochi lettori.

Orazio mi è stato di conforto in questa mia decisione:

Non preoccuparti di avere una turba di ammiratori,
ma accontentati di pochi lettori.

Scrivendo mi sono prefisso un unico fine, quello di rendere un qualche servizio, non certo di ricevere plausi. Ho spesso avuto compassione per la condizione dei principi allorché si ammalano di una qualche malattia; versano in una situazione di pericolo maggiore di quella vissuta da altre persone colpite dalla stessa malattia, infatti, anche se lo desiderassero, non potrebbero sottrarsi alle cure di una moltitudine di medici. Se il principe si ammala seriamente, piuttosto che fidarsi di un unico medico, la corte ed anche l'archiatra, ognuno per proprio conto e per motivi diversi, fanno intervenire i medici più famosi e più ricchi di esperienza, non solo della città, ma anche di altri paesi. In sostanza, scrivendo di argomenti che li riguardano, ho ritenuto di svolgere un compito né banale e neppure irriverente, ma di sicura utilità per i principi, ricorrendo a quella branca della medicina detta preventiva, proprio per rendere più remota la necessità di ricorrere a quell'altra branca della medicina che si preoccupa di curare le malattie quando queste sono già insorte. Tu intanto, che non avrai disdegnato di leggermi, metti in pratica quello che di interessante vi avrai trovato. Sta bene.

INDICE DEI CAPITOLI

CAPITOLO PRIMO - IL PUBBLICO BENESSERE DIPENDE IN TUTTO E PER TUTTO DALLA SALUTE DEI PRINCIPI; NE CONSEGUE CHE NON VA LASCIATO NULLA DI INTENTATO PER DIFENDERLA.

p. 25

CAPITOLO SECONDO - QUALI DEBBANO ESSERE LE QUALITÀ DEL MEDICO, A CUI SI ADDICE IL NOME DI ARCHIATRA, E QUALI GLI ARGOMENTI DA SOTTOPORRE ALL'ATTENZIONE DEI PRINCIPI.

p. 29

CAPITOLO TERZO - NESSUNA EPOCA COME QUELLA ATTUALE HA POTUTO CONOSCERE MEGLIO LE CARATTERISTICHE DELL'ARIA E L'INFLUENZA CHE ESSA HA SUGLI ESSERI VIVENTI; OCCORRE PERCIÒ, A PARTIRE DA QUELLE CONOSCENZE, STABILIRE E METTERE IN PRATICA DELLE REGOLE CERTE PER DIFENDERE LA SALUTE.

p. 39

CAPITOLO QUARTO - COME NON SI CONCILII LA SONTUOSITÀ DELLA MENSA CON LA BUONA SALUTE; COME UN VITTO PARCO E SEMPLICE SI CONIUGHI FACILMENTE CON SALUTE E LONGEVITÀ; VIE-

NE DISCUSSO IL SIGNIFICATO DI QUANTO DICE GALENO A PROPOSITO DELL'ATTRITO DEL CIBO NELLO STOMACO; NESSUNO, A FRONTE DI TUTTI GLI ACCORGIMENTI CHE AVRÀ MESSO IN ATTO, SARÀ CAPACE DI DETERMINARE LA GIUSTA MISURA DI CIBI DA ASSUMERE.

p. 49

CAPITOLO QUINTO - GLI ALIMENTI MENO INDICATI PER CONSERVARE LA SALUTE SONO I PIÙ DIFFUSI SULLA TAVOLA DEI PRINCIPI; ALCUNE CONSIDERAZIONI SUI PRIMI PIATTI E SUI SECONDI; IL SIGNIFICATO PER IPPOCRATE DELLE CARNI CHE FAVORISCONO L'EQUILIBRIO E PER ARISTOTELE DEL VINO ETICO.

p. 59

CAPITOLO SESTO - PER CONSERVARE LA SALUTE, A NESSUNO COME AL PRINCIPE, RISULTA INDISPENSABILE L'ESERCIZIO FISICO QUOTIDIANO.

p. 73

CAPITOLO SETTIMO - L'INVERSIONE DEL SONNO CON LA VEGLIA, TANTO IN VOGA NELLE CORTI DEI PRINCIPI, POCO SI CONCILIA CON LA CONSERVAZIONE DELLA SALUTE.

p. 85

CAPITOLO OTTAVO - ATTENZIONE DEVE ESSERE PRESTATA ALLE ESCREZIONI NATURALI, VERA TESTIMONIANZA DEI PROCESSI CHE SI SVILUPPANO NEL NOSTRO ORGANISMO, AFFINCHÉ RISULTINO ADEGUATE E NON SIANO DI IMPEDIMENTO L'UNA ALL'ALTRA.

p. 93

CAPITOLO NONO - NULLA NUOCE DI PIÙ ALLA SALUTE DEI PRINCIPI CHE LE PASSIONI DELL'ANIMA; PER QUESTE NESSUN RIMEDIO PUÒ VENIRE DALLA MEDICINA.

p. 99

CAPITOLO DECIMO - QUALI DEBBANO ESSERE GLI STUDI LETTERARI DEI PRINCIPI PERCHÉ ESSI NON INFLUISCANO NEGATIVAMENTE SUL LORO BENESSERE.

p. 107

CAPITOLO UNDICESIMO - LE REGOLE PER CONSERVARE LA SALUTE NELL'ETÀ SENILE.

p. 117

CAPITOLO DODICESIMO - L'ECCESSIVA OBESITÀ E CORPULENZA DEI PRINCIPI NON RISULTA MENO PERNICIOSA CHE INDECOROSA.

p. 127

CAPITOLO TREDICESIMO - LA MANIERA DI PREVENIRE ALCUNE MALATTIE ALLE QUALI, PIÙ DI ALTRI, SONO SOGGETTI I PRINCIPI.

p. 137

CAPITOLO QUATTORDICESIMO - LE REGOLE PER CONSERVARE LA SALUTE DEI PRINCIPI NEL CORSO DI SPEDIZIONI MILITARI E NEGLI ACCAMPAMENTI.

p. 145

IL PUBBLICO BENESSERE DIPENDE IN TUTTO E PER TUTTO DALLA SALUTE DEI PRINCIPI; NE CONSEGUE CHE NON VA LASCIATO NULLA DI INTENTATO PER DIFENDERLA

Se tra tutte le cose di questa umana società finalizzate al publico benessere la massima desiderabile è quella di avere un
buon principe, immediatamente dopo questa ne deve essere
prevista una seconda, che il principe, oltre che di longevità, goda di perfetta salute. In egual misura (ammettendo che sia lecito
rapportare situazioni ordinarie con le grandi) il capo famiglia,
che della propria casa è principe e signore, se è in buona salute e
può attendere ai suoi interessi, il governo della sua casa procede
nel modo dovuto e si eleva la sua posizione sociale sino al momento in cui non interviene la cattiva salute; a questo punto la
gestione economica risulta inadeguata ed il patrimonio, anche
se all'inizio ingente, si riduce inesorabilmente. La stessa cosa capita al buon principe; se egli è in buona salute, i suoi sudditi attendono ai loro compiti ed il governo politico rimane stabile, ma
se il suo stato di salute non è buono ed egli è destinato ad ammalarsi, viene messo in crisi il benessere di tutti e personaggi, in
genere poco affidabili, ed alcuni, propugnatori di mutamenti,
approfittano di tali situazioni per sovvertire l'assetto sociale e
per scatenare guerre civili. È quello che è successo alla Francia
sotto Carlo IX che era di salute cagionevole; il regno, una volta

floridissimo, in seguito a violenti sconvolgimenti fu afflitto da grandi calamità. Stando alle testimonianze storiche, anche Reuta, settimo re di Scozia, afflitto da diversi mali e costretto sempre a letto, pur prevedendone gli effetti nefasti, dovette abdicare a favore di un nipote bramoso di regnare. Non mancano esempi a cui richiamarsi per sostenere autorevolmente che il pubblico benessere mal si accorda con un cattivo stato di salute del principe; qualsiasi epoca riporta una sua propria casistica sempre molto eloquente. Il fenomeno non è limitato alle cose di governo, ma si ritrova in natura dove si verificano analoghe evenienze. Quando, e non succede di rado, una parte nobile del nostro corpo, come il cuore o il cervello, è affetta da qualche male, anche se non grave, l'economia generale dell'organismo che da quella dipende ne soffre. Se lo stomaco è debole e non digerisce come dovrebbe gli alimenti ingeriti, tutti gli altri organi complessivamente ne risentono, pur essendo essi di per sé sani e ben funzionanti. Proprio con questo significato, un antico autore, Q. Sereno, ha messo in versi con sicura eleganza argomenti di medicina e, a proposito dello stomaco, ha scritto:

> Giustamente si definisce lo stomaco signore di tutto quanto il corpo, poiché è lo stomaco che assicura la salute alle singole membra.

Se tutto ciò è vero per il nostro organismo, non c'è da meravigliarsi che lo stesso fenomeno riguardi la società. È molto importante che colui che governa sugli altri goda di un perfetto stato di salute; è quello che dice Platone nella *Repubblica* presentando Socrate il quale, adottando il precetto di Esculapio, sconsiglia a coloro che non sono dotati di buona salute di intraprendere la carriera di pubblico amministratore. Si osserva dunque una buona correlazione: quando il principe si ammala ed è sofferente, languiscono anche le leggi ed il pubblico benessere. Non si può non apprezzare la consuetudine della Chiesa di contemplare tra le altre pratiche di devozione anche delle preghiere a Dio per la conservazione della salute dei principi cristiani e di proclamare inoltre delle pubbliche manifestazioni con rito solenne quando, disgraziatamente, quelli si ammalano seriamente. Anche i non cristiani posseggono abitudini analoghe; così leggiamo come in occasione della malattia febbrile che aveva colpito Pompeo Magno in Campania, in tutta l'Italia fossero stati predisposti sacrifici agli dei allo scopo di intercedere per la sua salute. È ammirevole la devozione dimostrata dal popolo di Roma per Germanico che, adottato da Tiberio, doveva divenire il suo successore; quando egli si ammalò gravemente ad Antiochia tutta la città fu pervasa da profondo dolore e, allorché giunse la notizia del miglioramento delle sue condizioni, il popolo manifestò grande gioia gridando per la città: "Roma è salva, la patria è salva, Germanico è guarito; Le masse che si precipitarono al Campidoglio con fiaccole, doni e vittime sacrificali erano così ingenti che (come riferisce lo storico) si dovettero abbattere le porte del tempio". Il dolore si tramutò in rabbia quando, poco dopo, venne diffusa la notizia che Germanico era morto; i templi furono assaliti e presi a sassate, gli altari rovesciati e gli stessi lari domestici furono trascinati per le strade. Tutto questo perché a quella gente stava a cuore la vita e la salute di Germanico e su di lui, sulle eccezionali qualità, che avrebbe messo in campo, un giorno, dopo la morte di Tiberio, prendendo in mano le sorti dell'impero, fondava tutta la propria speranza per un futuro di benessere.

Dal momento che il benessere del principe è di così grande importanza per la prosperità del popolo, appare indispensabile adottare ogni cura ed attenzione per preservarlo. È questo un progetto nel quale è fortemente coinvolta la medicina che, dovendosi preoccupare a fondo di rendere servizi al genere umano, non può limitarsi a fornire regole e precetti generici per la conservazione della salute degli uomini considerando soltanto variabili quali età, tempi e luoghi, come ha fatto Galeno nei suoi sei libri *Sulla difesa della salute* e come hanno fatto molti autori dopo di lui; la medicina deve compiere ricerche finalizzate per difendere attivamente la salute di particolari gruppi di soggetti, diversi dagli altri per i vantaggi che riescono ad apportare al pubblico benessere. Con un simile obiettivo il celeberrimo Marsilio Ficino scrisse una elegantissima opera, *Come salvaguardare la salute dei letterati*, il cui esempio fu seguito da Fortunato Plempio, professore dell'Università di Lovanio che pubblicò un'opera altrettanto elegante su *Come difendere la salute dei giudici*. Ma se i letterati e i giuristi che sciolgono i nodi delle leggi sono stati considerati tanto importanti per la società, al punto che illustri autori hanno scritto dei trattati specifici su di loro, la medicina deve, a maggior ragione, pagare un suo tributo ai principi, custodi delle leggi e baluardi del benessere pubblico, preoccupandosi per quanto è lecito, di contribuire attivamente alla difesa della loro salute.

CAPITOLO SECONDO

QUALI DEBBANO ESSERE LE QUALITÀ DEL MEDICO, A CUI SI ADDICE IL NOME DI ARCHIATRA, E QUALI GLI ARGOMENTI DA SOTTOPORRE ALL'ATTENZIONE DEI PRINCIPI

È gloria e vanto per i principi avere a corte i più illustri personaggi di ogni disciplina, ma non soltanto con significato ornamentale e di immagine priva di una pratica utilità; se infatti dà lustro poter contare su giuristi, filosofi, matematici, storici, poeti ed altri letterati, davvero sono indispensabili i medici più celebri per fama, dottrina ed esperienza e della loro opera occorre avvalersi sia nella buona che nella cattiva salute. Nel passato, re ed imperatori hanno potuto disporre di medici di gran fama ed autorità, così Alessandro Magno ha avuto Filippo Acarno e Cesare Augusto Antonio Musa; i successivi Cesari e re, ad eccezione che nei secoli più bui, non sono stati da meno. I principi dei giorni nostri tuttavia non hanno nulla da invidiare a quelli dei secoli passati; infatti nel corso di un solo secolo la medicina, sia quella teorica che la pratica, si è talmente sviluppata che, se agli stessi suoi padri fosse dato di rivivere, essi non finirebbero di meravigliarsi per come una pratica sostanzialmente inutile, rimasta per molti secoli nell'immobilismo, in seguito, in un breve lasso di tempo, abbia potuto quasi raggiungere il punto più alto della gloria. Benché sia grande il numero di medici ricchi di dottrina e di esperienza, non c'è dubbio che bisogna procedere ad una selezione per individuare il medico del principe; in più occorre che un tale medico che voglia ben figurare a corte e che voglia mantenere integra la sua dignità si distingua per delle qualità esclusive, che non è facile riscontrare in altri.

A ben vedere allora non risultano idonei ad assumere l'incarico di archiatra coloro che hanno appreso solo i primi rudimenti della medicina e neppure i neolaureati che hannno esercitato per qualche anno in villaggi e piccole città; questi ultimi avendo acquisito una certa pratica, magari mettendo a repentaglio la salute altrui, ad un certo punto vanno ad esercitare la clinica in una qualche città popolosa sino a farsi un nome, sia tra le persone colte che tra gli ignoranti, di bravi medici. Si tratta però di medici che resteranno sostanzialmente estranei alla medicina teorica ed ignari delle nuove acquisizioni che di continuo si accumulano nelle scuole di medicina; non leggeranno alcun autore ad eccezione di quelli che trattano dei farmaci, giusto per disporre, come si suol dire, di un ampio ed ordinato bagaglio di rimedi. In realtà il medico che presiederà alla salute dei principi deve seguire presso una sede idonea, e cioè in una qualche famosa Università, i suoi corsi, sia di filosofia che di medicina generale e, prima di dedicarsi alla pratica, deve frequentare lo studio di un qualche medico competente ed erudito e deve seguire autori sia del passato che contemporanei, sapendo riconoscere quelli da leggere e quelli da non leggere, in modo da non perdere inutilmente il proprio tempo. La sua acculturazione deve procedere così come sono soliti fare quei giovani dottori in legge che sentono la necessità di frequentare le biblioteche dei più famosi giureconsulti prima di accedere al foro e patrocinare una qualche causa. Per un medico in formazione che si proponga o di esercitare autorevolmente in scuole pubbliche, oppure di essere elevato alla dignità di archiatra di principi, sono da prevedere, nella sua giovane età, dei soggiorni all'estero, non tanto per esaudire la curiosità di visitare diverse regioni e paesi e di osservare i costumi delle genti, quanto per incontrare ed intrattenere rapporti con uomini di scienze e medici illustri di qualsiasi provenienza al fine di imparare da loro i diversi modi di affrontare la malattia, conoscere i rimedi ai quali ricorrono più abitualmente nelle diverse patologie e portare a casa un vasto patrimonio di conoscenze. È impensabile la quantità di scienza e di esperienza che è possibile acquisire mediante i soggiorni di studio; scienza ed esperienza che risulta indispensabile al medico ed in particolare a quello che pensa di essere elevato alla dignità di archiatra. Alla stregua di Ulisse che "conobbe i costumi di molte genti e tanti paesi" e per questo, si dice, gli si addicesse l'appellativo di saggio. È encomiabile l'abitudine invalsa in Germania, secondo la quale, non appena terminati i corsi universitari e prima di dedicarsi alla pratica, i medici intraprendono più viaggi di studio, privilegiando l'Italia, per visitare uomini illustri in medicina, conosciuti per fama o per i loro scritti, dai quali ottenere dati indispensabili alla propria formazione. A tal riguardo è disponibile una preziosa testimonianza, scritta da Thomas Bartholin per suo figlio Caspar, mentre soggiornava in Italia, sui viaggi utili ad un medico, che tratta dei comportamenti da adottare, delle Scuole e delle città da visitare, dei medici e degli altri uomini di scienza diversi dai medici da incontrare; tra questi ultimi viene segnalato il famoso Antonio Magliabechi, orgoglio della Toscana. Solo dopo essersi assicurato tali basi e dopo aver svolto per un certo numero di anni una seria ed intensa pratica in una qualche grande città, dove risiedono medici esperti, avendo surclassato i normali praticanti, è possibile pensare di accedere alle corti dei principi. Al medico incaricato di reggere la salute del principe vengono pertanto richieste qualità non comuni; le stesse che sono necessarie per combattere le cause conosciute o ignote delle malattie e per guarirle una volta che si sono manifestate. Allo stesso modo che sul versante militare, dove sono indispensabili coraggio, esperienza e vigilanza per difendere una postazione dagli attacchi del nemico e per riconquistarla dopo che questo se ne è impadronito. Se oltre alle qualità di cui si è parlato ne possiede delle altre, come la conoscenza della geometria, dell'astronomia e della fisica sperimentale, le sue referenze aumentano e, senza farne un medico migliore, lo renderanno più gradito al principe. In altre parole, l'importanza che la salute del principe sia affidata ad un medico di gran nome e di chiara fama è ampiamente prevista dalle stesse leggi, come nel *Codice* libro IX, al titolo professori e medici, capitolo XI, dove si fa divieto di elevare al rango di archiatra un medico che non abbia superato un pubblico ed autorevole giudizio inibendo così la promozione di soggetti che risultano essere indegni e nel contempo ambiziosi.

Secondo alcuni il medico, ed in particolare quello destinato a prestare la sua opera ai principi, deve essere assistito da una certa dose di fortuna; una simile, per niente nobile, opinione viene espressa anche da certi medici mediocri i quali in più sono capaci di sostenere che i colleghi di gran lunga più saggi ed eruditi, mancando dell'attitudine di adulare, non sanno far valere le proprie qualità e non vengono assistiti dalla fortuna. Costoro dimostrano tutta la loro ignoranza accompagnata dalla malizia, infatti è di per sé fortunato colui che possiede il sapere e che segue i precetti della propria professione. Tutti gli uomini di cultura irridono una simile volgare credenza; così ha fatto in partico-

lare il dottissimo Giovanni Cratone (Crato) medico di tre imperatori, che nella sua lettera dedicatoria scrive:

Con Ippocrate dobbiamo ritenere che appaiono sorretti dalla
fortuna soltanto coloro che possiedono la scienza e, al contrario,
sono da considerare sfortunati le persone ignoranti. Infatti è giusto servirsi della fortuna ed è questo che fanno coloro che sanno
di scienza; al contrario, non sono aiutati dalla fortuna e non raggiungono l'obiettivo che si sono proposti quelli che fanno male o
non fanno ciò che debbono fare. Come può succedere che un uomo insipiente e per giunta privo di esperienza riesca fortunosa-
mente a realizzare quanto si propone? È indispensabile allora
che colui che desidera che le sue cure risultino efficaci si attenga
alle regole dell'arte e si rimetta a Dio.

In questo modo si esprime Cratone. Se in tutta questa storia,
in cui sono presenti sia il medico che il malato, occorre proprio
individuare qualcuno di fortunato, questo non può essere che il
malato quando ritiene di essersi imbattuto in un medico ricco di
esperienza; non dissimile è la condizione di chi deve andare per
mare e può disporre di un abile nocchiero. Non c'è dubbio infatti che apparirebbe strano colui che, dovendo navigare, non si
preoccupasse di affidarsi ad un nocchiero esperto invece che ad
uno semplicemente fortunato e che, in caso di malattia, non sce-
gliesse un medico esperto e con una reputazione di saggio piuttosto che uno considerato soltanto fortunato.

Questi sono dunque i titoli che deve possedere un medico per
risultare idoneo al governo della salute dei principi; ma ci sono
anche altre qualità che il principe si aspetta di riconoscere in colui
che è stato chiamato a ricoprire la carica di archiatra, vale a dire la
fedeltà e la saggezza che poi, a ben vedere, debbono essere stati i
criteri basilari utilizzati per la sua promozione a quella carica che,

occorre ricordarlo, ha come obiettivo la salvaguardia della salute. È pertanto necessario che il principe abbia fiducia, e presti attenzione ai consigli che, volta per volta e secondo le necessità, il medico gli indirizzerà. Non sarà inutile a questo punto riportare una citazione di una lunga formula, della quale parla Cassiodoro (*Varia*, 6), utilizzata dai re Goti nell'investitura dei loro archiatri, una volta che, avendo conquistato alcuni stati in Italia, avevano stemperato la loro origine barbarica:

> a palazzo sentitevi completamente liberi, entrate dove altri d'abitudine non entrano, se non pagando prezzi molto alti; mentre tutti obbediscono in qualità di sudditi voi, rispettando il vostro principe, prestategli le vostre cure; vi è anche permesso di tormentarci con dei digiuni, di essere di avviso contrario al nostro, di prescrivere, dall'alto della vostra carica, per il bene della nostra salute, tutto quanto noi possiamo avversare; sappiate infine che voi esercitate su di noi un potere del quale noi stessi non disponiamo nei confronti di altri.

Questo era il tipo di autorità che i re del passato, avendo a cuore la propria salute, accordavano ai loro medici. I principi dei nostri giorni dovrebbero trarne ispirazione per meglio rapportarsi ai loro, considerando i medici non tanto dei sudditi ma, come si suol dire, delle persone di famiglia, favorendo un colloquio franco, non condizionato dalla propria autorità, quotidiano, anche nei periodi in cui il proprio stato di salute è perfetto, in maniera da evitare la crisi che si potrebbe produrre in caso di malattia, quando si troverebbero nella necessità di dover ottemperare, da un momento all'altro, a delle rigorose prescrizioni. È vero infatti che se un medico non ha abitudine di frequentazione con il suo principe, se egli non ritrova in lui la giusta benevolenza, né ardisce profferir verbo se non in risposta a domande del principe, quando sarà necessario far valere o rimarcare qualcosa non si sentirà libero di farlo e resterà in silenzio. Si comprenderà allora con quanta maggior forza il medico potrà assolvere ai propri compiti, non trascurando nulla di importante per la salute del principe, se è cosciente di poter parlare con ampia libertà e se i suoi consigli sono ben accolti tanto nella cattiva che nella buona salute. Gli serve quindi una saggezza non comune e dovrà fare attenzione, specie se stimato e trattato benevolmente dal principe, a non sentirsi indispensabile così come invece successe, secondo quanto scrive Philippe de Commines, a Jacques de Gotries, archiatra di Luigi XI, re di Francia. Quel medico non solo si reputava indispensabile al suo re ma, conoscendo che questi nutriva una gran paura della morte, gli faceva capire con grande crudezza che, se giammai lo avesse allontanato dalla corte, non ci sarebbe stato scampo per la di lui salute. L'autore aggiunge che egli, d'abitudine, si rivolgeva malamente al re, come se fosse un suo servo e più benevolenza gli veniva accordata, sino a ricevere dieci mila scudi al mese di onorario, più dura ed insopportabile era la tirannia che esercitava nei confronti del padrone; alla fine lo convinse che senza le sue prestazioni non sarebbe potuto vivere neppure otto giorni. "La benevolenza", sostiene un poeta comico, "rende il servo fedele", ma spesso lo fa anche diventare insolente ed insoddisfatto della sua sorte. Risulta molto efficace l'espressione, che si legge nell'*Apophtegme* di Plutarco, rivolta dal re Antigono al suo medico per stigmatizzare la sua avarizia; il re era stato ferito in combattimento riportando la frattura della clavicola ed il suo medico, nel corso del trattamento, continuava a richiedere la ricompensa, ma tale da essere adeguata alla munificenza regale. Il re ad un certo punto gli si rivolge allusivamente dicendo "chiedi tutto quello che vuoi, dal momento che hai il coltello dalla parte del manico". Quasi sempre un medico che chiede troppo spesso e troppe ricompense e favori al proprio principe finisce per sminuire la sua autorità e la stima accordatagli; così facendo mostra la sua insaziabile cupidigia ed inoltre, quasi sempre, mette in discussione la sua buona fortuna, infatti è probabile che otterrebbe di più se non ponesse egli stesso dei limiti alla benevolenza della corte. A questo riguardo Orazio opportunamente dice:

Tacere il proprio bisogno al sovrano rende di più che ostentarlo, e c'è gran differenza tra prendere con senso di misura e rapinare.

Un medico dunque che è destinato a ricoprire una tale carica, sia essa da svolgere a corte o negli accampamenti, si deve convincere che deve attendere con tutte le forze ad un duplice compito, il primo è quello per cui, ogni volta che il suo principe si ammala, deve prestare tutte le sue cure perché, ricorrendo ai rimedi più adeguati, ritorni in salute; l'altro è da svolgere quando il principe è in possesso della sua salute e consiste nell'adoperarsi con assiduità per conservarla. Quest'ultimo compito è trascurato dalla maggioranza dei medici i quali, generalmente, chiamati al letto del malato e prestate le cure del caso, si limitano poi a dargli qualche consiglio perché si ristabilisca e se ne vanno dopo aver percepito l'onorario. Colui che si è impegnato ad esercitare quale archiatra e quotidianamente visita il principe e mette in campo le sue prestazioni, deve esaminare con attenzione se il suo stato di salute è come dovrebbe essere valutando l'aspetto, la voce, l'umore e confrontando la situazione di un giorno con quella di un altro, dal momento che lo stato della salute si presenta in una maniera molto dinamica e, come sostengono i filosofi, è soggetta ad alti e bassi; occorre allora stabilire se esso è stazionario oppure migliora o peggiora. Se un normale medico adempie al proprio compito formulando una prognosi, sia essa fausta o infausta, l'archiatra ha il dovere di prevedere con precisione ed annunciare, e per questo va lodato, il fatto che la salute del principe è in pericolo e che sta volgendo lentamente verso uno stato di malattia. Dal momento che ci si deve occupare della conservazione della salute dei principi, impegno preliminare dell'archiatra deve essere l'osservazione attenta della costituzione corporea del suo principe, in modo da stabilire se essa è robusta per sua natura o se è divenuta tale nei primi anni, oppure gracile, lo studio delle caratteristiche strutturali, del suo temperamento e di quanto questo si discosta da quella condizione media, o ottimale, secondo la regola che i medici chiamano di Policleto; ed ancora, debbono essere indagate la prontezza dei riflessi e gli organi maggiormente soggetti agli stimoli emotivi. Risulterà inoltre utile conoscere se i suoi genitori erano sani e robusti e se nel suo gentilizio era presente una qualche malattia familiare, di quelle che rimangono silenti per secoli e dopo, a mo' di eredità, si trasmettono manifestandosi nei discendenti.

Molto del padre e della madre si travasa nei figli
e l'avo si rifà sul lontano nipote.

Tutte queste cose vanno osservate con attenzione in quanto capaci di illuminare non poco il medico e di aiutarlo a conservare la salute del suo principe nel suo stato naturale ed anche di prevedere e controllare tutto ciò che potrebbe metterla in pericolo od anche alterarla, se pur di poco. Lo stesso medico deve inoltre essere fortemente interessato a tener conto, come nel caso di altri pazienti, delle reazioni del principe al quale si rivolge la sua opera se non vuole toccare con mano quanto di impegno e di assistenza saranno necessari se egli è costretto a letto e viene colpito da una qualche malattia acuta o da una patologia cronica quale la tortura della gotta o della calcolosi renale; potrà succedere che egli continui a lamentarsi, a porre continue richieste e, convinto della inutilità della medicina, profferendo spesso parole niente affatto piacevoli.

Se al principe sta a cuore la sua salute, che in fin dei conti è la cosa più preziosa al mondo per l'uomo, chiunque egli sia, bisognerà che egli segua i consigli del medico e che in lui riponga fiducia, sia che si tratti di conservare la propria salute che di curare una malattia. Se infatti la salute è cara alla gente più misera, e ciò è dimostrato dall'esperienza di tutti i giorni, a maggior ragione e più di ogni altra cosa essa deve risultare cara ad un principe che, stando al di sopra di tutti e non mancando proprio di nulla si vede rispettato e obbedito, allo stesso modo di una divinità da tutti i suoi sudditi. Egli in sostanza non avrebbe altro da desiderare se non la salute per poter godere a pieno di tutti i suoi vantaggi. Certamente a nessun mortale come ad un principe si addice ciò che ha scritto Pindaro nelle *Olimpiche* in lode alla salute:

Psaumide, chi ha salute e sufficiente fortuna e fama non sia tentato a diventare un Dio.

È cosa gradita riportare la bella traduzione italiana che Aloisio Adimari, celebre poeta fiorentino, ha fatto di quei versi:

Che quel che sano i giorni estremi vede
E con richezze onestamente riede
cinto di fama à saettar l'oblio
non brami più, né cerchi esser un Dio.

CAPITOLO TERZO

NESSUNA EPOCA COME QUELLA ATTUALE HA POTUTO CONOSCERE MEGLIO LE CARATTERISTICHE DELL'ARIA E L'INFLUENZA CHE ESSA HA SUGLI ESSERI VIVENTI; OCCORRE PERCIÒ, A PARTIRE DA QUELLE CONOSCENZE, STABILIRE E METTERE IN PRATICA DELLE REGOLE CERTE PER DIFENDERE LA SALUTE

È tale la condizione dell'uomo che, abbandonato l'utero materno dopo una permanenza di nove mesi durante i quali il liquido amniotico ha fatto le veci dell'aria, una volta che abbia respirato non può più fare a meno, finché vive, dell'aria; inspirare ed espirare è un bisogno fisiologico tanto importante che, mentre l'organismo può digiunare per alcuni giorni, non sopravvive alla mancanza di aria che per pochissimo tempo. Gli antichi filosofi ci hanno trasmesso conoscenze limitate sulle caratteristiche dell'aria e sulle sue stupefacenti proprietà; dati di gran lunga più abbondanti e scientifici ci sono stati forniti di recente da ricercatori naturalisti. La macchina di Boyle, ad esempio, dimostra che l'aria può essere facilmente compressa e dilatata e che, quando è fortemente compressa, come se fosse imprigionata, reagisce con violenza facendo vedere la sua vera natura. Lo "scoppio pneumatico" dimostra lo stesso fenomeno: l'aria compressa erompe con grande forza e strepito allo stesso modo della polvere pirica. Al fine di studiare e dimostrare le diverse proprietà dell'aria sono stati inventati molti strumenti quali i termometri, i barometri, gli igrometri e gli anemometri; inoltre il chiarissimo Cristiano Wolfio ha pubblicato *Aerometria*, opera veramente eccellente, nella quale si può leggere tutto quello che uno vorrebbe sapere sull'aria. Ma riprendiamo il nostro ragionamento e vediamo quali sono le interrelazioni tra aria e salute; il ruolo principale che i medici assegnano all'aria che ci circonda è quello di temperare, nei polmoni, il sangue surriscaldato mediante l'inspirazione; secondo questa teoria succede che l'aria, satura di particelle nitrose, con i polmoni che fungono da mantice, accresce piuttosto che neutralizzare il calore che si ritrova nella massa sanguigna. Si può dimostrare sperimentalmente che l'aria è l'origine ed alimenta anche la fermentazione nel nostro organismo ed in tutti i fluidi; se al tempo della vendemmia si ripone del mosto spremuto di recente dall'uva in un contenitore di vetro che viene chiuso ermeticamente dopo parecchi mesi si scopre che il mosto ha conservato lo stesso gusto; non c'è da meravigliarsi, dunque, se l'aria che ci avvolge influisce così tanto sul nostro organismo, infatti penetra attraverso la bocca all'interno degli organi e si mescola al sangue e può anche raggiungere le vene dall'esterno tramite i pori della pelle. E proprio per questo motivo che Ippocrate nel libro *Sulle Arie* ha definito "l'aria la causa e l'arbitro di tutto quello che succede nel nostro organismo". In effetti confrontando le alterazioni prodotte nell'organismo umano dall'aria con quelle prodotte dagli alimenti e da altri agenti non naturali si scopre che le prime, quelle indotte dall'aria, sono incomparabilmente più numerose e profonde delle altre; l'aria infatti ci insidia di continuo dall'interno e dall'esterno.

*Il nostro corpo ora è sottoposto al freddo ora al caldo
e da questi sbalzi di temperatura è indebolito...*

È giusto, per quanto detto, che il medico incaricato della salute del suo principe, utilizzando gli strumenti più adeguati, accerti quale è il vero temperamento del suo padrone, qualunque esso sia; bisogna considerare infatti che la salute può essere mantenuta a qualsiasi temperatura ove il principe soggiorna per la maggior parte del suo tempo, certo essa non deve discostarsi troppo da quella media, a condizione che il suo temperamento sia reattivo e suscettibile di un processo di accomodamento. Viene unanimemente consigliata l'aria più pura perché più idonea alla fermentazione ed alla circolazione del sangue e per la generazione degli spiriti animali. Può tuttavia succedere che qualcuno, in ragione del suo temperamento, abbisogni di un'aria più densa, invece che più sottile, così che alle volte risulta necessario, per coloro che sono cagionevoli, trasferirsi dal luogo dove l'aria è salubre e sottile a siti dove l'aria è spessa e densa; come dice Celso "è pessima quell'aria che rende malati", ed al contrario, va considerata ottima quella che fa star bene. "In natura esistono alcuni esseri che stanno meglio d'inverno che durante l'estate, altri, al contrario, stanno meglio durante l'estate che d'inverno"; la stessa cosa deve essere vera per gli uomini: c'è chi sta bene ove l'aria è densa e male dove essa è sottile e viceversa. È per tale motivo che i principi dispongono abitualmente di palazzi in luoghi diversi nei loro possedimenti, alcuni in località di pianura, altri sulle alture e si recano nell'uno o nell'altro in ragione delle proprie esigenze, delle stagioni dell'anno ed in relazione alla necessità di migliorare lo stato di salute. È per questo che i Pontefici romani possedevano due grandiosi palazzi nella città, il Quirinale ed il Vaticano che, per la loro diversa ubicazione, si caratterizzavano per un'aria ed un clima diversi e, d'abitudine, d'inverno soggiornavano in Vaticano e d'estate al Quirinale. A tale proposito mi sembra opportuno osservare che, specialmente in Italia, la maggioranza dei palazzi dei principi è costruita nelle aree meno salubri della città, lontano dal mercato e da dove la gente si ritrova; ciò va ricondotto, io credo, al fatto che i primi costruttori fossero stati ispirati piuttosto dal piacere, dalla comodità, dalla bellezza del sito, dalla estensione dei giardini che dalle esigenze della salute. È facile constatare come l'aria che si respira ai limiti delle città sia malsana per la presenza di fossi dove viene riversato ogni sorta di lordura; coloro che vivono in prossimità di questi luoghi, più di altri, devono essere soggetti a malattie a causa della ostacolata traspirazione la quale, da nessuna cosa viene danneggiata, quanto dall'aria satura di vapori tossici. Come dimostra Sartorio nella sua *Statica*, l'aria ambiente ostruendo i pori cutanei e ghiandolari con conseguente alterazione della traspirazione reca danno alla crasi ematica e ai visceri. Deve essere ricordata la considerazione che fa Ippocrate nel primo libro *Delle Epidemie*, a proposito del caso di Filisco: "Filisco viveva presso le mura. Si pose a letto; il primo giorno febbre acuta...". Mercuriale, commentando questa storia clinica, sottolinea come non fosse casuale quell'annotazione di Ippocrate sul luogo dove il malato giaceva; il suo proposito era quello di raccomandare ai medici di curare con più attenzione i malati che abitano in luoghi con quelle caratteristiche, in quanto più abitualmente colpiti da febbri maligne. Ippocrate riprende lo stesso concetto nella ottava storia di Erasmo: "Erasmo, che abitava nelle vicinanze del torrente Boote, fu aggredito da una grande febbre dopo aver pranzato ...". Io stesso, nel corso dei cinque anni trascorsi a Modena, ho potuto osservare, durante l'estate, e poi, nell'autunno successivo, la natura epidemica delle febbri intermittenti terziarie maligne che colpivano coloro che abitavano nelle vicinanze delle mura della città, mentre risparmiavano gli abitanti delle zone più centrali all'interno delle mura della stessa città. Per godere di ottima salute è pertanto molto importante dimorare dove l'aria è più pura, priva di inquinanti; in presenza di aria pura, esente da esalazioni e polveri, la traspirazione, così necessaria alla salute, avviene, al contrario di quando è presente un'aria più densa ed umida, più facilmente ed in maniera più efficace e tutte le funzioni dell'organismo si attivano più prontamente. I principi sogliono avere ippodromi e scuderie costruite sontuosamente nella prossimità dei propri palazzi, dove è dato vedere, in perfetto ordine, centinaia di cavalli così bene accuditi e curati e con un lusso ed un dispendio di risorse tale da permettere di risalire con precisione alla magnificenza del principe; così erano le scuderie del re Latino di cui parla Virgilio, dove i cavalli

alle alte greppie, lustri, mangiano in trecento.

I palafrenieri hanno l'abitudine di raccogliere sterco e lettiere in grandi cumuli non lontano dalle scuderie dove, stazionando dei mesi, iniziano a putrefarsi e, quando in seguito vengono trasportati fuori città emanano esalazioni mefitiche che si diffondono non soltanto nel palazzo, ma anche in tutto il vicinato; sarebbe meglio dunque, piuttosto che accumulare, trasferire altrove, giornalmente, tale genere di rifiuti al fine di evitare che rimuovendoli si producano l'inquinamento dell'aria e quindi le gravi malattie.

Taluni giudicano come paradossale il fatto che il barometro si abbassi di più quando spira il vento del nord con aria serena che quello piovoso australe; su questo argomento deve aver preso un abbaglio Borelli nel suo libro sui movimenti naturali in relazione alla gravità dove pretendeva di dimostrare, con la teoria invece che con gli esperimenti, che il mercurio risale il tubo capillare quando il tempo è piovoso e che scende quando ritorna il bel tempo, problema questo che ha impegnato molti ingegni alla ricerca della vera interpretazione. Su questo argomento io stesso ho dovuto sostenere una disputa con D. Schelhamer, professore dell'Università di Kiel e per la sua soluzione ho scritto nell'anno in corso una lettera all'illustre Luca Schraekius, presidente della cosiddetta Società dei Curiosi della Natura; io sono del parere che l'aria piovosa australe riduce la traspirazione non tanto perché ottura i pori cutanei, quanto per il fatto che, essendo l'atmosfera più leggera, si produce una minore compressione sia all'interno che all'esterno dell'organismo con conseguente rilassamento delle fibre; ma, quando il tempo è sereno e soffia il vento del nord, l'atmosfera è più pressante e mantiene in tensione le fibre le quali, proprio perché più tese ed in azione, favoriscono la circolazione del sangue che a sua volta è capace di far aumentare la traspirazione. Si può comprendere allora perché "i venti di mezzogiorno causino mal di testa, inducano sordità e languori ed obnubilamento della vista", proprio come dice Ippocrate secondo il quale l'atmosfera produce una minore compressione con la conseguenza che le fibre sono più lasse, il flusso sanguigno è rallentato e la traspirazione più difficile; tali effetti si esauriscono se l'atmosfera diventa pesante con il ritornare del sereno. Quanto sia necessaria, non solo per il mantenimento della salute, ma anche per la sopravvivenza, una giusta e moderata compressione dell'aria è ben dimostrato dalla macchina pneumatica, infatti, in assenza d'aria gli animali cessano di vivere mentre i liquidi si rarefanno. È per questo motivo che in cima alle montagne più alte, dove minore è la pressione e quindi più bassa la colonna dell'aria, risulta più difficoltosa la respirazione polmonare.

Non è senza ragione l'ipotesi avanzata da alcuni commentatori di Ippocrate secondo i quali la parola "το θεῖον" debba essere riferita all'aria, infatti c'è nell'aria qualcosa di divino ed a noi ignoto se, dopo che molti filosofi sino ai giorni nostri si sono preoccupati di indagare sulla sua natura, c'è materia perché altri facciano lavorare il proprio ingegno. Su questi argomenti il medico incaricato di difendere la salute del principe bisogna che adotti prudenza ed un atteggiamento di ricerca dovendo arrivare non solo a conoscere la natura dell'aria che egli respira, ma anche ad armonizzarla al suo temperamento ed a procurargli una giusta traspirazione in relazione alla caratteristica del suo organismo che può essere robusto o gracile. I vantaggi di una tale procedura erano noti, prima che ad ogni altro, ad Ippocrate che ne parla nei seguenti termini nel libro *Sugli Alimenti*:

> coloro che hanno una traspirazione più facile sono più cagionevoli e nello stesso tempo più sani e si rimettono più facilmente dalle malattie, al contrario, coloro che possiedono una traspirazione più difficoltosa sono più robusti ma, in caso di malattia, guariscono meno prontamente.

Debbono essere sottolineate le parole di Ippocrate secondo le quali coloro che hanno una buona traspirazione sono più sani e nello stesso tempo più deboli; il motivo deve risiedere nel fatto che, nel caso di facile traspirazione, non solo i residui della terza digestione, ma anche la gran parte degli elementi introdotti con il cibo, fuoriescono dalle ghiandole, attraverso i dotti escretori che hanno i loro orifizi sulla pelle, e pertanto costoro risultano più deboli di quelli dotati di una traspirazione meno efficiente e guariscono più prontamente; al contrario, quelli che hanno la pelle più spessa, sono più robusti ma anche più soggetti ad ammalare. È per questa ragione che gli atleti, preoccupati di dimostrare la propria forza e la propria virilità piuttosto che di stare ben in salute, per poter offrire nella lotta più elevate prestazioni di forza, avevano l'abitudine di passare da un bagno caldo ad uno freddo affinché il sangue e gli spiriti che il calore del primo faceva giungere sulla pelle e sui pori fossero trattenuti dal bagno freddo allo scopo di richiudere i pori ed accrescere la capacità delle fibre e dei muscoli. Dal momento che è meglio che un principe sia sano benché gracile, piuttosto che robusto, e meno soggetto a malattia, e basta che abbia energia sufficiente per poter svolgere le funzioni naturali e siccome non c'è nessuna cosa capace di alterare la traspirazione quanto il freddo, specie se improvviso, e il passare da un luogo caldo ad uno freddo, occorre che il medico presti attenzione agli sbalzi di temperatura, che così spesso sono all'origine di malattie, e che consigli al suo principe di non esporsi assolutamente all'aria fredda ed umida per evitare che si procuri una subitanea costipazione dei pori cutanei, tanto pericolosa per la salute. Ai principi che vanno a caccia in autunno e d'inverno è da consigliare di farlo col tempo sereno piuttosto che quando spira il vento del nord e piove in maniera insistente. Bisogna inoltre evitare il vento del sud che altera la traspirazione inducendo, come s'è detto sopra, rilassamento delle fibre. Per incontrare minor difficoltà nel convincere il principe delle cose utili alla sua salute, sarà bene che i medici consiglino di possedere, tra le loro cose più preziose, barometri, igrometri, anemometri ed altri strumenti di questa natura, per poter loro stessi constatare l'effetto dell'improvviso cambiamento del tempo sull'atmosfera ed osservare come il mercurio scende nel tubo del barometro annunciando la pioggia e come dopo, rimontando, testimoni il ritorno del bel tempo quando soffia il vento del nord. Come ha dimostrato con i suoi esperimenti il grande Boyle, la pressione atmosferica può essere apprezzata con maggiore sensibilità nelle sue variazioni se nel barometro, al posto del mercurio, viene utilizzata dell'acqua. Si dovranno convincere i principi che durante l'inverno devono evitare di esporsi al freddo mattutino giacendo piuttosto tranquillamente nel proprio letto, cosa generalmente non difficile da ottenere; bisognerà convincerli poi che nel corso dell'estate si alzino al levar del sole per respirare un'aria più dolce e per contrastare l'alta temperatura del sangue, cosa questa non così facile da ottenere dal momento che la maggioranza dei principi è solita fare della notte giorno, svolgendo vita attiva durante la notte e abbandonandosi al sonno di giorno.

L'aria dunque, tenuto conto delle sue variabili, serve molto alla conservazione della salute; infatti, come l'aria viene chiamata l'anima del fuoco, non potendo assolutamente esso mantenersi in sua assenza, così l'aria quando è pura, serena ed arricchita di particelle nitrose, rappresenta l'anima e l'essenza del calore vitale contenuto nel sangue, mentre quando è infetta ed inquinata porta alla morte ed all'estinzione.

Per tutelare la salute del principe risulterà importante cogliere precocemente i segni dell'insorgenza di una malattia epidemica e stabilire se essa non sia causata da una qualche alterazione dell'aria oppure da alimenti guasti come può succedere alla frutta ed al vino, così che, nel primo caso, il medico possa imporre al principe di recarsi in località più salubri, dove l'aria non è sospetta. Bisogna inoltre porre attenzione ad alcune patologie pustolose, proprio nel momento in cui esse cominciano a diffondersi tra i bambini, e decidere se può esserci una alterazione dell'aria; capita frequentemente, come io stesso ho potuto osservare in più di una occasione, che alla malattia cutanea se ne associno delle altre, epidemiche, come le febbri maligne e la dissenteria. Questi sono i precetti generali che io ho ritenuto di richiamare su tale argomento, ma ne esistono degli altri che valgono per tutta la popolazione e riguardano l'età, il temperamento, le stagioni, i paesi, le abitudini di vita; poi interviene l'esperienza e quindi la preferenza accordata ad un determinato tipo di aria che, come è stato dimostrato, meglio si addice alla salute; Come ho avuto modo di dire prima,

è pessima quell'aria che fa ammalare.

Pietro Damiano da Ravenna, autore ecclesiastico, racconta di se stesso che risiedendo a Roma presso il papa Nicola II ed avendo quasi sempre la febbre e non stando mai bene, supplicò il Sommo Pontefice di poter ritornare a Ravenna, ma quest'ultimo, al quale egli doveva essere molto caro, in quanto famoso per la sua dirittura morale e non meno per la sua dottrina, non intendeva esaudire la sua richiesta e gli rispondeva che l'aria di Ravenna era non solo più cattiva di quella di Roma, ma che in tutto il paese non avrebbe trovato dell'acqua più salutare; Pietro Damiano disperando di potersene allontanare, febbricitante, scrisse su Roma i versi che seguono:

Roma tu prostri i corpi e li divori,
tu che produci febbri fatali che, tenaci,
si attaccano al corpo, e più non lo lasciano
per tutta la vita.

COME NON SI CONCILII LA SONTUOSITÀ DELLA MENSA CON LA BUONA SALUTE; COME UN VITTO PARCO E SEMPLICE SI CONIUGHI FACILMENTE CON SALUTE E LONGEVITÀ; VIENE DISCUSSO IL SIGNIFICATO DI QUANTO DICE GALENO A PROPOSITO DELL'ATTRITO DEL CIBO NELLO STOMACO; NESSUNO, A FRONTE DI TUTTI GLI ACCORGIMENTI CHE AVRÀ MESSO IN ATTO, SARÀ CAPACE DI DETERMINARE LA GIUSTA MISURA DI CIBI DA ASSUMERE

Tra i risultati degli studi riguardanti la salute si è voluto assegnare un giusto primato a quel monito di Ippocrate che recita: "il cibo non deve saziare" che nulla ha a che vedere con il fatto di dover mangiare poco; considerando le due situazioni estreme, più frequentemente si pecca nel senso dell'abbondanza dei cibi e raramente nel senso di una alimentazione parca, e ciò nonostante che la salute, vera perfezione e forza dell'organismo, richieda la giusta misura e, in un ben determinato equilibrio, propenda e sia piuttosto incline alla moderazione. Non è mia intenzione descrivere le caratteristiche delle mense quotidiane dei principi alla cura delle quali si dedica una moltitudine di domestici e non in maniera clandestina, ma con una certa dose di ostentazione; basta seguire il loro incessante andare avanti ed indietro con una infinita varietà di portate. Gli antichi hanno assegnato ad Esculapio due figlie, Igea e la sorella Panacea, la prima è custode della salute, la seconda presiede al suo recupero in caso di malattia. Non ho dubbi sul fatto che se ad Igea capitasse di osservare la mensa dei principi ella si allontanerebbe ben presto da un tale spettacolo e da tanto fasto e, non avendo nulla da spartire con le mense regali, cederebbe il passo, per competenza, alla sorella, esperta nel recupero della salute, affinché sia quest'ultima ad esercitare in pieno il proprio ruolo. Mettiamo da parte le leggende, delle quali si servivano i mitologi per celare dei misteri alla plebe ignara, e riconosciamo che non c'è alcuno scoglio sul quale si infrange così rovinosamente la salute dei principi come l'intemperanza nel mangiare e nel bere; è indispensabile che il medico dei principi presti la massima attenzione su tale aspetto e che li ammonisca adeguatamente, fino a quando si è in tempo, sulle conseguenze che possono derivare alla salute e cioè sulla perdita del benessere.

La straordinaria abbondanza di cibo con la quale è quotidianamente imbandita la tavola dei principi deve essere vista, anche perché essa stessa è capace di stimolarne il consumo, come quella condizione che più di tutte le altre è causa e ragione di ogni male; la stessa cosa non si verifica necessariamente tra altri uomini illustri. La tavola può anche essere ricca ma è da evitare, per quanto è possibile, che essa induca a consumi eccessivi. È da considerare inoltre che gli alimenti più appetitosi risultano essere anche quelli più nocivi, infatti, come si è soliti dire, e come molto spesso avviene, la corruzione di una cosa molto buona è molto perniciosa; allo stomaco non è concesso un periodo sufficiente di digiuno per digerire l'eccesso di alimenti e si produce un cattivo chilo e quindi una cacochimia ed una cattiva nutrizione.

Altri effetti negativi derivano dalle modalità di preparazione dei cibi e dalla loro grande varietà; questi non possono essere aggrediti uniformemente dallo stesso fermento gastrico e tanto meno possono essere ridotti dagli altri visceri dell'organismo nella conveniente mistura e quindi in una unica forma. Ne deriva una corruzione del sangue che causa alterazioni delle funzioni corporee, proprio come dice Ippocrate nel libro *Sui Venti*:

dalla corruzione del sangue deriva quella di tutto l'organismo.

Per la grande varietà degli alimenti deve essere vero ciò che Ippocrate ha scritto a proposito delle acque dei più grandi fiumi delle quali sconsigliava di servirsi chiamandole, in modo efficace, infide; infatti i grandi fiumi risultano tali per la confluenza di molti altri che defluiscono in regioni diverse assorbendo molti e differenti minerali così che le acque trasportate inevitabilmente contengono sostanze che possono essere tra di loro in contrasto e quindi scarsamente idonee al consumo umano; allo stesso modo al sangue, quando vi arrivano sostanze tanto strane e di indole diversa, è impedito, senza violenza, il raggiungimento di una perfetta mistione, requisito indispensabile perché esso risulti idoneo al nutrimento dei vari organi e possa consentire l'espletamento delle varie funzioni. Orazio ha trattato in maniera egregia lo stesso argomento:

La mescolanza di pietanze diverse, come le ostriche e i tordi, anche se risulta gradita è destinata a danneggiare lo stomaco, rendendolo bilioso e producendo catarro.

È del tutto verosimile che in una tale situazione vada ricercata la causa della violenta patologia gastrica occorsa all'imperatore Marco Aurelio che Galeno, chiamato per curarla, etichettò come attrito del cibo nello stomaco. È utile riportare la descrizione del caso che lo stesso Galeno ha lasciato nel suo *De Precogn. ad Posthumum*: l'imperatore, dopo aver mangiato, fu colto da un dolore allo stomaco ed il polso risultava essere frequente e debole, così che i due medici che erano stati chiamati al suo capezzale avevano inizialmente deciso doversi trattare di febbre; Galeno, chiamato nel corso della notte, sentito il polso espresse con grande franchezza, alla presenza dei due medici, che l'imperatore non aveva certamente la febbre ma che più semplicemente ci si trovava di fronte ad un caso di attrito del cibo nello stomaco. L'imperatore di rimando chiese come si dovesse intervenire ed egli rispose con le seguenti parole: — A qualsiasi altra persona sofferente degli stessi disturbi io prescriverei, come sono solito fare, di bere del vino con pepe; ma a voialtri di rango reale, a cui i medici sono soliti consigliare prudentissimi rimedi, è sufficiente l'applicazione sull'addome di un panno di lana impregnato di vino caldo profumato di nardo. L'imperatore, colpito dalla schiettezza di Galeno, congedò i due medici, bevve del buon vino pepato e ricominciò a star bene.

È interessante la disputa sull'alimentazione riportata da Macrobio, che si inserisce nell'abitudine degli uomini di lettere dell'antichità di vivacizzare gli animi a partire dalle questioni più disparate; la disputa vede attivi Disario ed Eustachio, il primo è sostenitore della semplicità del vitto, il secondo, partigiano della gola, propugna la varietà degli alimenti nel corso del banchetto; l'uno e l'altro riportano considerazioni non banali, ma quelle di Disario appaiono più solide e tra queste ultime, di grande importanza, c'è la seguente: dal momento che ad un febbricitante qualunque medico prescriverebbe alimenti semplici e leggeri e non una grande varietà di cibi, perché dunque questa stessa semplicità, così necessaria per la guarigione, non dovrebbe essere adottata per la conservazione della salute. Tale considerazione può essere completata dicendo che il fermento gastrico non può essere tanto forte da dissolvere tanti e così diversi alimenti ingeriti e quindi necessariamente potrà digerirne qualcuno prima, qualche altro successivamente ed altri ancora per niente; si tratta dello stesso fenomeno che osserviamo con i solventi, come ad esempio l'acqua forte che attacca alcuni metalli ed è indifferente nei confronti di altri. La medesima cosa deve essere vera per tutte quelle varietà di vini che si è soliti importare da diverse regioni ad ornamento e per vivacizzare le mense dei principi; si osserva che il bere qualità differenti di vino, anche se non in grandi quantità, porta a subitanea ubriachezza; è come se, tra di essi nell'organismo, si producesse un conflitto, alla stregua di quello che alle volte si realizza tra le regioni e le nazioni dai quali provengono. Effetti negativi non lievi derivano dal consumare vini diversi anche se provenienti dalla stessa regione perché, come dice Ippocrate, sentiamo quei disturbi per alcuni giorni, prima che lo stomaco si abitui a quel vino.

Ad ingaggiare la più decisiva battaglia alla salute dei principi non è soltanto l'abbondanza e la varietà del mangiare e del bere. Se infatti a qualcuno capita di imbattersi da qualche parte in terra ed in mare in uno strano o straordinario genere di animale o di pesce questo, in quanto dono, è destinato a finire sulla mensa di un qualche principe; come nel caso di quel rombo, di straordinaria dimensione, pescato in Adriatico ed a mala pena trasportato dalla barca, che nessuno dei pescatori poteva enumerare tra le sue prede; fu inviato a Domiziano che convocò alla sua vista i patrizi, alcuni di questi sostenevano che quel pesce si era fatto pescare per fare onore alla mensa del principe, altri che una bestia che veniva da lontano doveva annunciare al principe un grande ed illustre trionfo, altri ancora che occorreva un nuovo Prometeo per costruire una padella adeguata alla sue dimensioni. È alludendo a questo rombo che Giovenale ha scritto:

> Tutto ciò che di raro e di bello c'è nel nostro mare appartiene alla cassa imperiale, ovunque nuoti; dunque sarà donato al sovrano.

A tale proposito bisogna riconoscere che l'intemperanza nei convivi, a cui erano assegnati nomi diversi, da parte degli imperatori romani è stata veramente grande; quelli di Augusto e di Vitellio venivano chiamati *dodecatheos*, in uno di questi tutti i convitati erano vestiti da dei e dee e lo stesso Augusto si era travestito da Apollo. Il convivio, nonostante si svolgesse nella parte più segreta del palazzo, non poté passare inosservato al popolo ed essendo subito dopo intervenuto un rialzo dei prezzi delle derrate alimentari, in città si sentì gridare che gli dei avevano mangiato ed esaurito tutto il frumento; un convivio come questo è da irridere, vestiti da dei i convitati si abbuffavano con una grande varietà di cibi mentre gli dei che loro volevano rappresentare si nutrono esclusivamente di ambrosia e nettare ed inoltre si accontentano quasi sempre di un unico genere di bevanda. Così dice Marziale del dio degli dei

> Giove, sazio di ambrosia, ora si ciba di nettare.

Ai nostri giorni le mense dei principi, ad onore del vero, non raggiungono un tale livello di vanità; tuttavia, essendo preparate con una certa ricercatezza e svolgendosi spesso sotto gli occhi della gente, è difficile che un principe, benché di natura sobria, possa astenersi, e alle volte consuma alimenti che gli paiono nuovi e che proprio per tale motivo non sono quasi mai salutari.

Occorre dunque che il principe eviti la sazietà non meno che la varietà dei cibi e che tolleri di buon grado l'insistenza con la quale il medico incaricato della sua salute, gli prescrive di evitare, nel periodo del suo maggior benessere, quello che può gratificare la gola; sono sostanzialmente in disaccordo con quanto riporta Celso:

> un uomo sano e che sta bene non deve dipendere da nessuno, non deve sottostare a nessuna legge e non abbisogna né di medici né di alcun trattamento;

sono del parere che ciò può essere vero per la gente comune ma non per il principe la cui buona salute sta a baluardo del pubblico benessere, mentre il contrario si accompagna a molte disgrazie. Per osservare la moderazione e nel contempo la semplicità della dieta, dovrebbe essere sufficiente considerare che coloro che vivono più a lungo e che meno soffrono di malattie risultano essere gli stessi che conducono vita sobria e frugale e non quelli che vivono lautamente. La dimostrazione di ciò è offerta dai vecchi eremiti che, sostentandosi con radici di erbe e datteri, diventavano centenari come riferisce San Girolamo a proposito di Paolo l'eremita e dell'abate Antonio. In tempi più vicini a noi deve essere registrato l'esempio dell'illustre Ludovico Cornaro, nobile veneziano, che avendo la premonizione che gli sarebbe capitata la stessa sorte dei suoi fratelli deceduti, a causa delle cattive abitudini, nel fiore degli anni, si convertì ad una vita sobria e rimase sempre robusto e sano sia di corpo che di mente e, all'età di 96 anni, scrisse un libro eccellente, *I vantaggi della vita sobria*, certamente degno di essere commentato, cosa che io ho in animo di fare un giorno, se ne avrò il tempo.

Quali debbano essere dunque gli alimenti, in quale misura, a che ora ed in quale ordine debbano essere assunti; non esiste nessuno, io penso, capace di fornire risposte univoche, tanto diversi sono gli alimenti, i temperamenti, le disposizioni naturali, i paesi, le abitudini e le idiosincrasie, come sono chiamate alcune specifiche predisposizioni; occorre piuttosto consultare l'esperienza e la letteratura. Bisogna mettere alla prova lo stomaco, che è il giudice naturale e conseguentemente va data la preferenza, tra gli altri, agli alimenti che sono digeriti più facilmente, che si distribuiscono più prontamente e che nutrono bene l'organismo. Pertanto, almeno da un punto di vista generale, sarà indicatore della bontà di un alimento la facile digeribilità ed il deciso potere nutritivo. A tale riguardo vale la pena di ricordare i versi di Lucrezio:

Non importa con quale vitto sia nutrito il corpo, purché il cibo si possa smaltire e diffondere nelle membra e sia possibile conservare la giusta umidità allo stomaco.

Gli autori hanno scritto una infinità di testimonianze riguardanti gli alimenti, io prenderò in esame soltanto quelle che più si attagliano al mio ragionamento e che a me risultano più idonee nella difesa della salute dei principi; ma di ciò tratterò nel capitolo che segue. Volendo mantenere la salute occorre rifuggire, in primo luogo, dalla sazietà che è all'origine delle ostruzioni ed è causa delle malattie così come dalle carenze alimentari in maniera che l'organismo non sia privato del nutrimento ad esso indispensabile; non intendo sostenere che gli alimenti vanno modulati soltanto in riferimento a peso, numero e quantità, ma piuttosto al fine di raggiungere quel preciso equilibrio che impedisce di appesantire e di distendere lo stomaco, infatti non di rado capita che perseguendo fini legati al nostro gusto ed ai buoni sapori ci rendiamo conto della pesantezza di stomaco solo dopo esserci alzati da tavola. Di questa difficoltà di individuare il giusto equilibrio nell'assunzione del cibo ha scritto in maniera saggia ed approfondita Sant'Agostino nel libro quarto *Contro Giuliano*:

Accingendoci a soddisfare quella ineliminabile voluttà che consente al nostro organismo di ricostruire l'energia spesa, chi è capace di spiegare la ragione per la quale non ci è consentito di stabilire la giusta misura di quanto ci è indispensabile e che nasconde a noi stessi e ci fa superare l'esatta quantità necessaria per la conservazione della salute spingendoci piuttosto verso quello che ci piace di più non facendoci decidere che quello che dovrebbe essere sufficiente non lo è affatto diventando così schiavi di odori o sapori ed in più pensando di agire per il bene della nostra salute mentre invece non facciamo altro che soddisfare il nostro appetito sregolato? Così facendo, la cupidigia travalica il confine della necessità.

GLI ALIMENTI MENO INDICATI PER CONSERVARE LA SALUTE SONO I PIÙ DIFFUSI SULLA TAVOLA DEI PRINCIPI; ALCUNE CONSIDERAZIONI SUI PRIMI PIATTI E SUI SECONDI; IL SIGNIFICATO PER IPPOCRATE DELLE CARNI CHE FAVORISCONO L'EQUILIBRIO E PER ARISTOTELE DEL VINO ETICO

Il detto popolare secondo il quale "si predica bene e si razzola male" trova pratica applicazione in ogni genere di convivio e, principalmente, in quelli dei principi; in queste occasioni, infatti, succede che siano regolarmente ignorati gli alimenti più idonei al mantenimento della salute e quelli più nutrienti, mentre sono maggiormente desiderati e ricercati cibi esotici e strani, difficili a digerirsi oppure di basso potere nutritivo. Il pane è l'alimento tra tutti il più comune; da questa regola si discostano soltanto alcuni popoli meno evoluti dell'estremo nord, denominati ittiofagi, che vivono di pesce. Il pane sulla tavola dei principi viene sì portato per primo, ma generalmente esso è anche l'ultimo ad essere oggetto di una qualche attenzione ed a nulla vale che sia "tenero, bianco, fragrante e fatto di fior di farina"; i principi ne gustano ben poco e tutto quello che fanno è di utilizzarlo per detergersi con la mollica le dita unte. Si consuma poco pane in tutte le tavole imbandite all'insegna della ricercatezza e della sontuosità dove invece impera il companatico; ma anche quando nostro Signore, moltiplicando sette pani d'orzo e cinque pesci, saziò quattromila uomini, i discepoli riempirono dodici ceste di tozzi di quel pane; non viene fatta menzione alcuna dei pesci.

Se dunque i "doni della laboriosa Cerere" riscuotono un così scarso successo nelle mense dei principi, la stessa cosa non si può dire di Bacco, di Pomona e della munifica dea della caccia. È vero che il pane prodotto dal buon grano, ben fermentato, lavorato e portato alla giusta cottura è nutriente e fondamentale, più di qualsiasi altro genere di alimento tanto che esso da solo, con l'acqua, consente agli uomini di vivere.

Agli uomini basta acqua e pane

dice Lucano. Giovenale, da parte sua, parla di "panem et circenses"; quando infatti il popolo dispone di abbondante quantità di pane e di svaghi, come una volta a Roma, esso conduce una vita felice. Proprio nell'anno in corso ci siamo dovuti rendere conto di quanta calamità abbia gravato sull'Europa con la carestia, conseguenza di un inverno rigidissimo, senza eguali nei secoli passati, che ha gelato irrimediabilmente il raccolto. In questa occasione il pensiero più assillante dei buoni principi è stato quello di cercare di procurarsi ovunque, a qualsiasi prezzo, del frumento per sfamare i propri sudditi come figli.

È importante quanto dice Ippocrate nel primo libro *Delle Epidemie*: "gli alimenti leggeri hanno vita breve"; si tratta di una espressione abbastanza criptica interpretata in maniera esauriente da Vallesio; per questo autore, secondo una prima interpretazione, sono da considerare più leggeri quegli alimenti che risultano di facile digestione in quanto più suscettibili di trasformazione, così che, dimorando poco nell'organismo, sono dotati di una vita breve, proprio come dice l'aforisma: "ciò che nutre più in fretta, altrettanto in fretta viene escreto". La seconda interpretazione sugli alimenti leggeri che hanno vita breve porta invece a considerare il fatto che una dieta carente si accompagna ad una vita di breve durata. Il pane nell'organismo produce un genere di nutrimento eccellente, che, per similitudine, si appone ed aderisce con forza alle parti del corpo e, secondo un unanime consenso, risulta essere pertanto l'alimento più idoneo al mantenimento della salute e molto contribuisce al prolungamento della vita. Si può dire inoltre, che il pane ben cotto, quale è quello che si consuma durante la navigazione, non è facilmente soggetto a guastarsi, come invece succede ad altri alimenti come la carne, il pesce, la frutta. Conservato per lungo tempo il pane non ammuffisce e conserva intatta la sua capacità nutritiva, esso è il primo e più diffuso genere alimentare tra gli uomini e, che fosse in uso anche tra i nostri antenati, è possibile dedurlo dallo stesso *Ecclesiaste*:

A fondamento della vita dell'uomo ci sono l'acqua,
il pane, gli indumenti;

Io si dovrà preferire ad ogni altro tipo di alimento, meglio se associato ad altri, cosa per la quale Verulamio, giustamente, ha definito il pane la base dell'alimentazione. Sarà pertanto un saggio consiglio per i principi quello di consumare del pane adeguatamente preparato e ben conservato, imbevuto di saliva ed associato ad altri cibi in una giusta proporzione, non quella tuttavia individuata da Marsilio Ficino nel secondo libro del suo *Come salvaguardare la salute dei letterati*; "la quantità di pane — egli dice — va raddoppiata bevendo, triplicata mangiando la carne, quadruplicata col pesce"; è questa una regola molto ingegnosa ma è difficilmente trasferibile a coloro che sono in salute e non dipendono da nessuno, come nel caso dei principi. Augusto aveva l'abitudine di assumere come dissetante del pane inzuppato in acqua fredda; alle volte, sempre un pezzetto di pane, ma con qualche acino di uva dalla buccia dura e, secondo la testimonianza di Svetonio, mangiava, prima di cena, a qualsiasi ora ed in ogni luogo, quello che lo stomaco gli richiedeva.

I chimici hanno cominciato a conoscere la quantità di parti spiritose contenuta nel pane ben fermentato perché dal suo acido estraggono degli spiriti volatili ed un balsamo eccellente per ricostituire il fermento dello stomaco; su tale argomento, vale la pena di leggere Ertmuller. Per il motivo detto prima, non esiste alcun alimento che si addica allo stomaco più del pane; tra coloro che stanno bene non c'è nessuno che dimostri intolleranza al pane e poi il fatto che un malato inizi a desiderare il pane viene considerato quale segno di una prossima guarigione. Vale la pena di osservare che mentre esistono dei casi di idiosincrasia, cosa per cui non vengono assolutamente tollerati alcuni alimenti quali il formaggio, le mele, le uova ed altri ancora, non è stata dimostrata una intolleranza per il pane, ad eccezione del caso di quella fanciulla belga della quale parla La Bruyère che, giunta a sedici anni senza aver mai saggiato il pane, veniva colta immediatamente dalla nausea quando lo assaggiava inzuppato nel latticello che le piaceva moltissimo. Non mancano autorevoli e motivate testimonianze del fatto che coloro i quali si nutrono con poco pane e molta carne hanno un alito cattivo; infatti essendo la carne per sua natura soggetta alla putrefazione, se ne viene mangiata troppa, non può che apportare fermenti putrefattivi. La Bruyère nel libro VI *Sugli Alimenti* riferisce di un uomo di lettere con l'abitudine di mangiare molta carne e pochissimo pane che aveva un alito fetido; è vero invece che tra gli odori degli alimenti nessuno è più gradevole e capace di rinfrancare quanto quello del pane appena sfornato.

Per quanto riguarda l'uso delle carni i principi quasi sempre incorrono in errori grossolani, quando disdegnano quelle degli animali domestici ed appetiscono la cacciagione che non soltanto è diversa dal temperamento umano, ma è anche di difficile digestione, così il cervo, il camoscio ed il cinghiale che un poeta satirico, per stigmatizzare il lusso dei suoi tempi, aveva definito "animale nato proprio per i convivi". È opportuno richiamare quanto ci ha tramandato Ippocrate nel libro II *Sulla Dieta* dove vengono condannate le carni "pesanti in bocca, secondo un criterio di equilibrio"; Marziano interpretando questo passo abbastanza oscuro dice che tutte le carni delle quali si apprezza la pesantezza in bocca dove essa è tale sulla base di un criterio di equilibrio, vale a dire che a parità di volume sono più pesanti di altre, sono difficili da digerire e pesanti per lo stomaco; tra queste sono da considerare la carne bovina, del maiale ed anche quella della lepre; lo stesso dicasi dei pesci di mare con carne più dura e densa, degli uccelli acquatici, tutte queste richiederebbero uno stomaco più forte e degli organismi più abituati agli esercizi fisici di quanto non siano quelli dei principi che trascorrono il proprio tempo nell'ozio e non invece a svolgere attività fisiche. È il caso di aggiungere che a tale genere di carni, più pesanti in base ad un criterio di equilibrio, come risulta anche dalle osservazioni di Santorio *Sulla Statica*, si accompagna una traspirazione che risulta più difficoltosa rispetto a quella che si produce con carni più leggere, quali sono quelle di montone. La ragione va ricercata nel fatto che tale specie di alimenti, pur se preparati in maniera da essere più gustosi, inducono la formazione di elementi nutritivi più spessi che sono alla base di ostruzioni dei vasi sanguigni ed infarti viscerali. È abitudine conservare per più giorni questo genere di carni, che sono più dure, allo scopo di farle divenire più tenere ed anche conservarle, d'estate, in ghiacciaia perché si macerino e frollino; ma ciò non va visto come un fatto positivo infatti quasi sempre, una volta avviato il processo di macerazione, si libera una certa quantità di spiriti vitali; deve essere questo il motivo che fa dire ad Ippocrate nel libro II *Sulla Dieta* che sono da preferire carni fresche in quanto più salutari. Per ottenere delle carni più tenere esse possono essere semplicemente pressate o battute così che, frantumandosi le fibre, diventano più tenere e più suscettibili al potere digestivo dello stomaco.

Sono da preferire in senso assoluto le carni di uccelli che volano liberamente e che hanno una alimentazione naturale piuttosto che quelle di animali allevati in cattività o, come sono chiamati, domestici che sono più grassi ma meno salubri perché svolgono poca attività fisica. In sintesi, deve essere accordata la preferenza alle carni di quegli animali che traspirano facilmente quali sono, secondo le osservazioni del celebre Santorio, quelle di montone, a tutte quelle altre che, secondo l'espressione di Ippocrate, sono più leggere sulla base del criterio dell'equilibrio e contengono più parti aeree; di queste, in particolare, i principi dovrebbero fare maggiore uso, perché rendono più facile la traspirazione, stante il fatto che il loro organismo è poco abituato ad effettuare esercizi fisici. Sarà dunque necessario che i principi, sulle tavole dei quali, preparati con ogni dovizia, sono presenti in abbondanza vari generi di carni, vengano guidati dal proprio medico o dalla personale esperienza su quali carni gravano di più, quali sono di più facile digestione e vengono escrete in minor tempo; la medesima cosa deve essere detta dei pesci dei quali si può disporre in alcuni giorni pescosi di alcune stagioni dell'anno. Tutto questo perché, una volta sazi e passando ai piatti freddi (o alla seconda portata, come usavano dire gli antichi), non si produca, passando a cibi stuzzicanti, un ulteriore appesantimento.

Quando la fame e il desiderio stesso del cibo già son venuti meno, ecco che si passa con grande clamore, alla seconda portata.

Non sono ancora stati allontanati i primi piatti che giungono immediatamente nuovi odori dalla cucina e quindi viene servita una varietà di altre portate, tutte capaci di rianimare voluttà già soddisfatte; in un baleno si assiste ad una metamorfosi, la tavola appare meglio imbandita di prima. Una tale usanza è molto antica nelle corti dei principi, particolarmente in Italia, che è il paese più rigoglioso per tutto ciò che ha a che fare con il lusso. I piatti siracusani più di quelli di altre città in Italia sono da sempre molto rinomati per la loro ricercatezza che è divenuta proverbiale ogni volta che si parla di cibi squisiti. Platone nella sua epistola ai congiunti di Dione rifiuta quella vita splendida che si conduce nei convivi in Sicilia ed in Italia e dichiara di non essere interessato al soddisfacimento di altri piaceri analoghi. Ateneo, da parte sua, nei *Dipnosofisti* annovera le mense italiane tra quelle più sontuose e ricche di ogni genere di delizie.

La temperanza e la possibilità di conservare la salute entrano definitivamente in crisi di fronte ai secondi piatti dei quali colpisce l'ordine e l'eleganza con cui sono disposti i diversi generi di frutta, di ghiottonerie, di altri vegetali e frutti esotici dei paesi più disparati, raccolti, se fosse possibile, nel giardino di Alcino, e tutta una serie di altre cose che le mani abili dei cuochi hanno imparato a preparare. Avendo le carni grasse dei primi piatti stemperato l'appetito, con i secondi piatti si cerca di ravvivarlo ricorrendo all'aiuto di cibi aspri. Tra questi ultimi, la lattuga preparata come insalata suole avere un ruolo importante; tra gli antichi ed anche tra la gente comune ed il popolo della nostra epoca è diffusa l'abitudine di consumarla come primo piatto. A tale proposito Marziale ha scritto:

I nostri avi chiudevano il pranzo con una lattuga;
mi dici perché i nostri debbono cominciare con la lattuga?

Per quanto riguarda la frutta, bisogna notare che i principi non la consumano mai nella sua perfetta maturazione ed integrità, infatti alle loro mense sulla base del criterio della rarità e del costo vengono presentate primizie oppure frutta tardiva: le primizie sono più acerbe ed inducono la produzione di elementi nutritivi crudi, i frutti tardivi sono insipidi e di nessun valore e bontà. Ippocrate si è espresso sui fichi nel libro II *Sulla dieta* dicendo: "i primi fichi sono pessimi". È necessario dunque che il medico renda edotto il suo principe affinché sia cauto nel consumo di frutta di breve durata, quale è la frutta d'estate, quella che nasce sotto *ora & opora*, termini greci per indicare il periodo dell'anno, alla metà del quale si leva la canicola, che dura quaranta giorni. Galeno parla di questi frutti in molti suoi scritti come, per esempio nel libro II *Dell'Alimentazione* e nella sezione terza degli *Aforismi* dove dice che sono soggetti a facili deterioramenti e che producono, d'estate, diarree biliose; lo stesso Galeno confessa con franchezza nel *De Vitio, & Bon. succorum* di essere stato colpito due volte per averne mangiati troppi. Non pretendo di condannare in assoluto il consumo di tale genere di frutta che la natura produce proprio a sollievo della sete e per rinfrescare lo stomaco che altrimenti richiederebbero ghiaccio e acqua fredda, in quella stagione quando

> Imperversa Procione e la stella del furibondo Leone, con il sole che riporta i giorni infuocati.

Dal momento che sono venuto a parlare del ghiaccio, la carenza del quale nella mensa dei principi sarebbe considerata cosa mostruosa, dirò che non disapprovo il suo impiego moderato quanto condanno l'abuso, altamente nocivo. In verità nessuna persona che sia di buon senso mai approverebbe come dissetanti quelle bevande preparate con succo di cedro o di limone, con zucchero, fatte divenire quasi gelate; al loro transito i visceri fremono, lo stomaco si contrae e poco dopo la sete ricompare più ardente. "La neve causa la sete" sosteneva Rathis nel libro XXI del *Trattato quinto*, poiché fa restringere i pori del palato e le ghiandole salivari dai quali si produce in continuazione liquido sieroso. È noto che, nel corso dei conviti, gli antichi avevano la consuetudine di bere acqua fredda temperata con quella calda, come testimonia Marziale:

> Tu chiedi l'acqua calda, ma io non ho ancora quella fredda!

È ben strano il fatto che gli antichi avessero in grande considerazione l'acqua calda, privilegio al quale invece ha rinunciato la nostra epoca; è naturale pensare che gli antichi facessero uso di acqua fredda e calda miscelate, perché quella calda è capace di temperare e correggere quanto di male le bevande fredde possono provocare. Tale abitudine di bere acqua calda non era poi tanto ben vista da Marziale, che scriveva:

Possegga pure le messi della Libia e l'oro dell'Ermo e del Tago,
e beva pure acqua calda.

Se l'uso della neve fosse quello più giusto e, come sono soliti
dire i giuristi, sotto la spinta di un eccesso di difesa, speciale dono della benevolenza divina, essa potrebbe essere consumata,
sia dalle persone in salute che da quelle ammalate, per combattere la terribile calura soprattutto nei paesi più caldi come sono
la Sicilia, il Regno di Napoli e quasi tutta l'Italia. Quando succede che d'inverno di neve dal cielo ne cade poca o nulla, così che
essa rincara di prezzo, quell'anno viene considerato nefasto e
non mancano le osservazioni per dire che, più che negli altri anni, le malattie diffusive si presentano con una maggiore preva-
lenza e sono più gravi. L'uso della neve si perde nell'antichità ed
anche gli ebrei la usavano, come risulta dal *Libro dei Proverbi*:

il freddo della neve al tempo della mietitura è come
l'ambasciatore fedele a chi lo ha inviato, procura
all'anima un perfetto sollievo.

Gli ebrei prendono la neve dal monte Libano del quale Tacito
nel libro quinto delle *Storie* dice essere il monte principale di
quella regione e, "meraviglia a dirsi, in mezzo a tanto calore,
ombroso, conserva le nevi" e in grande abbondanza alimenta e
ingrossa il fiume Giordano. Non pochi sono i benefici derivanti
da un buon uso della neve, ma sono tanti e diffusi gli effetti negativi conseguenti ad un abuso di essa; di questi ultimi parla Ippocrate nel libro quinto degli *Aforismi*, 18 e 24.
Occorre molta prudenza nei confronti di una cosa che così
piacevolmente inganna il palato; è difficile astenersi dal bere
avidamente quando la sete tormenta e si hanno sotto mano be-

vande gelide. Il pericolo è maggiore nel caso che l'organismo sia accaldato, non mancano esempi di soggetti che, dopo aver assunto bevande gelide, vengono colpiti da sincope, come se avessero bevuto del veleno, e quindi da morte subitanea. Un tale pericolo tuttavia può essere scongiurato se le bevande, pur gelide, siano centellinate in maniera che vengano trattenute per un po' di tempo nella bocca e discendano lentamente attraverso l'esofago innalzando così la loro temperatura; così facendo il refrigerio viene trasmesso in anticipo allo stomaco per contatto. Una tale precauzione è fortemente raccomandata da Cirnauso nel suo eccellente libro *Medicina della mente e del corpo* dove riferisce di ricorrere spesso, per ristorarsi dopo lunga e faticosa attività fisica che lo aveva accaldato, all'uso di acqua congelata senza aver mai risentito del benché minimo disturbo; la spiegazione sta nel fatto che il suo palato non ne sopportava il freddo eccessivo ed allora la beveva a piccoli sorsi, molto lentamente; riferisce di aver visto invece molte persone che in circostanze analoghe avevano bevuto avidamente ed abbondantemente della birra ed erano stati colti da gravissime malattie dalle quali si sarebbero a fatica ristabiliti.

Niente è più ostile, sia dichiaratamente che in maniera subdola, alla salute dei principi quanto l'assunzione di vino, quando essa risulta eccessiva; la posta in gioco è la salute ma anche la loro reputazione e stima. Gli esempi riguardanti uomini illustri che l'abitudine al bere ha portato alla rovina fino ad offuscare le loro gloriose gesta sono sufficientemente noti; è il caso di Alessandro Magno, l'intemperanza nel bere del quale fa dire ad Androcide, uomo di grande saggezza che, come scrive Plinio nel libro XIV, capitolo V, si preoccupava di redimerlo:

ricorda o re, che bevendo vino bevi il sangue della terra.

Anche a Catone, benché censore, veniva rinfacciata l'ubriachezza. Un vizio di questo genere non può essere tenuto nascosto, tanto più se è un principe ad esserne colpito; il fatto diviene di pubblico dominio e fioriscono i dileggi, come nel caso di Tiberio Nerone per il quale era invalso l'uso di chiamarlo Nerone il beone. Assunto con moderazione il vino apporta vantaggi e rinforza l'organismo; ma risulta dannoso quando viene superata quella che è da considerarsi la giusta dose. È della stessa natura del fuoco, niente di più utile, niente di più pericoloso. Tutti sanno quanto siano frequenti tra le persone ricche ed i principi la gotta e la calcolosi renale; il fenomeno è tale da apparire determinato da una trasmissione per via ereditaria. Luciano nella sua *Tragopodagra* elenca una lunga lista di eroi celebrati dai poeti che erano afflitti dalla gotta. Proprio l'esperienza ci ha portato a conoscere la capacità del vino, quando viene assunto in quantità smodate, nel provocare ed alimentare entrambe le malattie dette sopra; infatti il tartaro del quale il vino è ricco, che è una sostanza dura e pietrosa si deposita sulle articolazioni. Ne deriva che, se i principi vogliono veramente allontanare dalla corte ospiti tanto molesti, bevano pure del vino, ma in quantità moderata, allungandolo con acqua ed evitino quelli schietti generalmente molto decantati. È da dare la preferenza al vino vecchio chiarificato, "svanito" come viene denominato da Plauto nel *Cartaginese*; in tale forma non fa male; quello che deriva da uve di pianura contiene minor quantità di tartaro ed è da preferire a quello di collina; in sintesi il primato è da assegnare al vino modesto ed etico, cioè a quello capace di rispondere anche alle regole di ordine morale. Mi sia concesso di soffermarmi su questo termine vino etico utilizzato da Aristotele nei *Retorici*. Teofrasto in *Cause Plant. 6* dice che

tale genere di vino che è più leggero, viene eliminato più velocemente ed è meno atto ad indurre al vizio;

Gaza ed Ermolao Barbaro danno lo stesso significato al loro termine "vino morigerato". C'è poi chi sostiene che per vino etico debba intendersi quello filtrato. Pertanto bisogna che i vini siano o morigerati per loro natura, o leggeri oppure filtrati e, per così dire, purgati perché, come dice Plinio, "il filtro attenua le proprietà del vino". Occorre riferire che il vino filtrato se riposto nella botte non fermenta come gli altri vini che invece non smettono di farlo per interi mesi e con un certo clamore, specie se si tratta di vini schietti; infatti con la filtrazione, aderenti sulla parete del filtro, residuano le fecce e il materiale tartareo. Questi ultimi, nel caso di vino non filtrato, debbono essere all'origine di quella lunga fermentazione e il riposo non interviene se non si procede ad effettuare la schiumatura; a quel punto i componenti più densi precipitano sul fondo. È degno di nota il fatto che i vini filtrati che non abbisognano di chiarificazione e che non sono pronti nell'estate non depongono sulle pareti della botte il materiale tartareo; pertanto, per ottenere del tartaro, tanto utilizzato in medicina, non verranno mai aperte le botti nelle quali è stato conservato vino filtrato. In più presenta il vantaggio di non dover essere invecchiato e può essere bevuto dopo due o tre mesi. Un vino di questa fatta, vinificato a partire da ottime uve cresciute non sulle colline, ma in pianura, in località non distanti da quelle, risulterà idoneo per la difesa della salute e per tener distante, per quanto è possibile, la gotta e la calcolosi. Non pretendo che sulle mense dei principi manchino i vini, ma che non siano presenti vini capaci di insidiare la salute, bensì quelli che rianimano nella maniera opportuna, senza controindicazioni, gli spiriti vitali. Non pochi re ed imperatori hanno lasciato nel campo di cui si sta trattando prove inconfutabili di sobrietà e temperanza; Svetonio ci informa che Giulio Cesare era molto moderato nel bere e che anche Augusto quando era accampato nei pressi di Modena aveva assaggiato del vino, nel corso della cena, per non più di tre volte; dalle parole di Svetonio è possibile risalire alla natura del vino del territorio modenese. Augusto era molto attento alla sua salute ed era di una sobrietà esemplare; aveva bevuto per tre volte durante la cena, cosa questa che fa venire subito in mente che conoscesse la generosità del vino prodotto sulle colline di Modena e che esso fosse all'origine della sua singolare temperanza nel corso di quella cena. È certo che i vini del principato di Modena, quali il sassolento, il floriano e lo speziano, nulla hanno da invidiare a quelli più famosi della Toscana. Ma questo non è l'unico beneficio che Dio ha concesso a Modena, infatti quella città, oltre a possedere eccellenti vini ed aria salubre, dispone anche di un'acqua molto buona e, ciò che è più importante e che maggiormente contribuisce a determinare la vera felicità, ha avuto sempre, ed è pensabile che avrà in futuro, ottimi principi.

Capitolo Sesto
PER CONSERVARE LA SALUTE, A NESSU- NO COME AL PRINCIPE, RISULTA INDI- SPENSABILE L'ESERCIZIO FISICO QUO- TIDIANO

Se è vero ciò che ha scritto Ippocrate nel libro III *Sulla Dieta*, tale è l'importanza dell'attività fisica, che la salute deve risultare da uno stretto rapporto di essa con l'alimentazione; "occorre stabilire", dice Ippocrate,

> se l'attività supera il cibo, o viceversa, se questo è maggiore del primo, oppure ancora, se si eguagliano; ogni volta che uno dei due termini sovrasta l'altro si instaura uno stato morboso, infatti la salute è il risultato dell'equilibrio delle forze in gioco.

Se ne deve dedurre che, così come risulta indispensabile assumere quotidianamente degli alimenti per vivere e per conservare la salute, deve essere altrettanto indispensabile, per mantenere la salute, svolgere, ogni giorno, dell'attività fisica, proprio per prevenire che, alterandosi l'equilibrio, si produca la malattia. Se modico è il cibo ed eccessiva l'attività fisica o il lavoro le forze scemano; l'associazione di grandi quantità di cibo con ridotta attività porta ad un accumulo di umori e, subdolamente, si avvia il processo che sfocerà in un gran numero di malattie. Se pertanto si desidera mantenere la salute, è necessario che la razione alimentare sia quella giusta e, nel caso di una attività moderata, risulti proporzionata a quest'ultima; è giusto inoltre sfamarsi e far svolgere la digestione perché, come dice Ippocrate negli *Aforismi*, "chi ha fame non deve cominciare a lavorare". I Persiani, secondo quanto scrive Senofonte nel libro I della *Ciropedia*, prestavano una così grande attenzione al rapporto esistente tra alimentazione e sforzo fisico da considerare improprio lo sputare e il soffiarsi il naso, azioni interpretate come di grande intemperanza in riferimento alla alimentazione; ciò, riferito alla nostra epoca, suona come un rimprovero, infatti non soltanto è invalsa l'abitudine di sputare frequentemente e di soffiarsi il naso pensando di fare cosa utile alla salute, ma si ricorre anche all'uso di tabacco, fumandolo, masticandolo o inalandolo al fine di decongestionare le narici e le fauci e provocare l'escrezione di umori che non si accumulerebbero conducendo una vita più frugale e più attiva. La natura da parte sua, sufficientemente attenta alle nostre esigenze, ha provveduto a dotarci di ben più idonei apparati escretori, sia per quanto riguarda gli escrementi solidi che quelli liquidi, e noi invece costringiamo l'organo dell'olfatto e del gusto a svolgere funzioni improprie. Occorre che i principi controllino l'inclinazione a contravvenire a tale precetto di Ippocrate, in maniera da evitare il rischio, non così remoto, che da ciò ne derivi un danno alla salute.

Ai principi, più che a chiunque altro, si addice, per motivi di salute, l'attività fisica, stante anche la loro alimentazione ricca e nutriente; è necessario inoltre che la quantità di cibo non venga sopravanzata dall'attività fisica, così che si possa tendere a quell'equilibrio preconizzato da Ippocrate. Tra gli svariati generi di attività è da preferire quella che può essere ispirata e svolta direttamente. Dice Platone nel *Timeo*:

Il miglior genere di moto, è quello che si fa a partire da se stessi. Infatti esso entra in sintonia con l'attività intellettuale e con quella di tutto il corpo. Il peggiore è quello scandito dall'esterno.

Viaggiare in carrozza, su di una nave, farsi portare sulla sedia, sottoporsi a massaggi, tutte queste possono tradursi in attività per l'organismo, ma sono dettate dall'esterno e non sono tali da produrre effetti positivi, come invece quelli che derivano dai movimenti dei muscoli che si ottengono ad esempio camminando o sviluppando spontaneamente con il corpo qualsiasi altra azione; succede infatti che nel corso di una adeguata attività si risvegli il calore assopito, si promuova la circolazione del sangue, si produca una distribuzione più omogenea dei nutrimenti nelle singole parti dell'organismo, risulti più facilitata la traspirazione e si disostruiscano ostacoli che si possono formare nei visceri e nei vasi sanguigni. "la milza è a pezzi, cammina", dice Plauto nel *Curculione*. Sullo stesso argomento, in maniera efficace, Celso, nel libro I, capitolo II, scrive "La pigrizia conduce a vecchiaia precoce, il lavoro rende lunga giovinezza". In poche parole, del corpo si può dire ciò che Virgilio ha detto della fama

Acquista forza dal movimento.

Il principe al quale è cara la propria salute, così come si preoccupa quotidianamente di alimentarsi, deve non di meno pensare di svolgere, ogni giorno, una qualche attività fisica: è consigliata la deambulazione mattutina, prima dell'assunzione del pasto, preferibilmente all'aperto, piuttosto che in casa, con un cielo sereno ed in giornate senza vento, o, se si vuole, a sera, prima di cena; è ciò che dice Ippocrate, "le attività lavorative precedano i pasti". Ci sono delle attività che meglio si addicono ai principi, come la caccia, l'equitazione, la danza; da queste loro trarrebbero grande giovamento se le praticassero con assiduità. Nell'antichità la caccia era una prerogativa dei principi, sin dalla loro giovinezza; quelli provavano vergogna a non sapere tendere l'arco, uccidere gli animali feroci, colpire precisamente il bersaglio con le frecce, in maniera tale da primeggiare su tutti gli altri. Leggiamo che Teti affidò Achille a Chirone perché lo addestrasse alla caccia e perché si abituasse ad inseguire gli animali nella foresta e ad affrontare cinghiali e altre bestie feroci sulle cime delle montagne più impervie; per tale motivo ed essendo uno strenuo guerriero si è distinto durante la guerra di Troia. La caccia deve essere vista come una giusta introduzione alla disciplina militare alla quale il principe non può sottrarsi. Oltre che immenso piacere la caccia offre un gran numero di vantaggi e tra questi soprattutto uno, quello di essere salutare; per andare alla ricerca di animali feroci in luoghi impervi e dirupi, a cavallo o a piedi, è indispensabile fare movimenti di ogni genere ed allora il corpo, scaldandosi, produce umori che raggiungono la testa, lo stomaco e gli altri visceri e che devono essere prontamente dissipati con la traspirazione.

Oltre che decantare con non poche lodi i vantaggi apportati dalla caccia per la conservazione della salute, poeti e scrittori hanno costantemente illustrato i meriti della abilità e dell'esperienza raggiunte nell'uso dell'arco; così Virgilio narra di Enea che uccise con le frecce sette cervi sulla costa libica per approvvigionare le sue sette navi, Marziale di Domiziano che uccise degli animali feroci ed Ausonio di Graziano che uccise il leone. Su questo argomento è opportuno riportare ciò che dice Sidonio Apollinare in una lettera dove Teodorico, re dei Goti, è descritto come molto abile nella caccia e nel tiro con l'arco; egli, continua

Apollinare, quando veniva annunciata una battuta di caccia, vi si recava portando personalmente l'arco al suo fianco senza pensare di sminuire la maestà regale, anzi ritenendo poco virile prendere un arco teso da altri; portato l'arco a livello del capo lo tendeva con grande energia, prendeva la freccia, caricava e la faceva scoccare e, secondo le parole dello stesso scrittore:

> dichiarava il bersaglio che intendeva colpire e, una volta scelto, non lo falliva; avresti detto il colpo più preciso della stessa occhiata con cui inquadrava il bersaglio.

L'equitazione è un altro genere di attività che bene si addice ai principi, anzi è necessaria, infatti se questi non imparano precocemente a montare in sella, a reggersi con forza, a tenere le briglie, corrono non pochi pericoli, infatti ai cavalli non è dato adulare, né essi sanno distinguere tra principi e non principi e certamente pochi sono i Bucefali. È incredibile il successo e l'ammirazione che riscuote presso la gente un principe che inceda pubblicamente sul dorso di un bel cavallo, forte e schiumoso. L'abitudine di elevare, nelle piazze e nelle pubbliche strade, delle statue equestri a uomini illustri è presente nell'antichità ed anche ai nostri tempi. I movimenti del corpo provocati dall'equitazione, che si accompagnano sempre a degli scuotimenti, risultano di grande utilità mobilitando dalla loro sede gli umori densi, stagnanti e facilitandone l'escrezione. Mi è capitato una volta di curare un palafreniere modenese colto da febbre acuta causata dall'intemperanza e dall'aver ingurgitato troppa acqua; l'addome si presentava globoso e teso tanto da far pensare ad una idrope e non si riduceva con alcun rimedio. Lo convinsi a riprendere la sua abituale attività consistente nel domare i cavalli e con ciò si ristabilì perfettamente ed è ancora vivente. Cavalcare frequentemente perciò è da raccomandare ai principi per conservare la propria salute; Thomas Sydenham lo raccomanda in particolare nei casi di malattie croniche. Se tale genere di attività risulta efficace nella cura delle malattie lo sarà anche in fase preventiva, infatti, secondo quanto dice Ippocrate nei libri *Delle Epidemie*, "ciò che guarisce, può evitare che si produca la malattia". Certo un tempo l'equitazione era più familiare ai principi, come nel caso dei re di Persia che a cavallo solevano dare udienza agli ambasciatori; così pure c'era l'abitudine di procedere pubblicamente su dei carri reali o sedendo oppure conducendoli personalmente.

L'equitazione non è immune da controindicazioni, infatti possedendo una predisposizione alla gotta, alla calcolosi renale o a qualche malattia della vescica, è non poco rischioso, come dice Ippocrate nel libro *Sulle Arie, le Acque ed i Luoghi* a proposito degli Sciiti, i quali soffrivano di sciatica in conseguenza del fatto di cavalcare per molto tempo durante la giornata; lo stesso Ippocrate sostiene inoltre che calvacare in maniera eccessiva può portare gli uomini all'impotenza, cosa questa che deve essere in relazione agli scuotimenti trasmessi ai reni ed ai vasi spermatici; in più, da una tale situazione ne può derivare, qualche volta, la gonorrea. Giova non poco alla salute l'equitazione che viene praticata con moderazione, con cavalli docili che vanno al passo, dei quali i principi certamente non mancano; si tratta, come dice Galeno nel libro II, *Sulla Conservazione della Salute*, Capitolo VIII, di un esercizio comprensivo di atteggiamenti passivi e di movimenti attivi, infatti chi va a cavallo bisogna che metta in tensione molti muscoli, reclutandoli armonicamente in una attività tonica. Per le sue caratteristiche l'equitazione permette di accrescere il calore naturale, promuove l'evacuazione degli escrementi, fortifica non poco lo stomaco, corrobora gli organi di senso rendendoli più sottili; Tralliano consiglia l'equitazione per la sordità e per il dolore al capo.

Si pensa inoltre che andare a cavallo serva particolarmente ad irrobustire le gambe; a questo proposito Svetonio riferisce che i medici consigliavano a Germanico di cavalcare spesso perché, gli veniva fatto osservare, aveva gambe gracili. Io, da parte mia, concordo con questa indicazione, pensando al fatto che le gambe, cavalcando, lavorano molto con le staffe; è inevitabile che chi è spesso a cavallo mantenga in tensione i muscoli e quindi l'intera gamba, ne consegue che il sangue che giunge nelle arterie, non potendo con facilità defluire nelle vene, vi permane per più lungo tempo e si raggiunge l'effetto di una prolungata irrorazione e di un migliore nutrimento di quella regione. Lo stesso fenomeno si riproduce in tutti quegli organi ed apparati che sono mantenuti in esercizio più di altri, così capita ai fornai, le mani dei quali sono più grandi e robuste; dunque, "la funzione", come dice Avicenna, "sviluppa l'organo". Se il principe non presenta controindicazioni per malattie renali o articolari, dovrà praticare, per il bene della salute, l'equitazione in maniera tranquilla ed adeguata, anche ai fini di un allenamento, affinché, dovendo prendere parte ad una qualche spedizione militare, non si trovi impreparato rispetto a tal genere di attività.

Esiste poi nel nostro programma un altro tipo di moto che molto si addice ai principi e che questi ultimi eseguono per mero divertimento, il ballo e la danza in coro; trattandosi di una attività non continuativa, ma episodica, non è tale da portare all'affaticamento; apporta gli stessi vantaggi che derivano da altre attività, la rianimazione degli spiriti e del calore vitale, lo scuotimento dell'organismo, l'agilità e la forza degli arti nei vari movimenti. È consuetudine che i principi, nella loro fanciullezza, siano educati al ballo ed alla danza affinché, da adulti, i loro movimenti, in pubblico, siano improntati alla grazia ed alla maestà; infatti è indegno e poco decoroso quel principe che, non essendo stato educato, si dimostri incapace di muovere i piedi a ritmo di musica. Su questo argomento Erodoto dice che l'Ateniese Ippoclide ruppe il matrimonio con Agaristia, figlia di Clistene, tiranno dei Sicioni perché quest'ultima ballava in maniera poco elegante e senza energia. Scipione amava molto danzare, anche in età avanzata e, secondo quanto dice Seneca nel suo trattato *Sulla tranquillità dell'anima*,

> quel corpo, di un militare avvezzo ai trionfi, muoveva in danza non in maniera effeminata, come solevano gli antichi al tempo dei giochi e delle feste, ma si agitava virilmente, in maniera tale da non riceverne mortificazione, neppure se a guardarlo ci fossero stati i suoi stessi nemici.

Non riproporrò i vantaggi e l'utilità della danza, precisamente elencati da Luciano quando confuta Cratone che invece disapprovava tale attività e la definiva effeminata ed indegna per l'uomo; l'indubbio beneficio che si ricava dalla danza attiene non solo alla serenità dello spirito ed alla salute del corpo. A questo beneficio occorre aggiungerne un altro, e cioè che la danza possa preparare il principe all'uso delle armi ed a combattere fortemente sul campo. Di Epaminonda, generale Tebano, leggiamo che amava la danza e pensava che essa favorisse l'agilità del corpo, in battaglia, rendendo gli uomini più attivi. Omero ci fa sapere che Merione cretese, durante la guerra di Troia, combatteva con tale meravigliosa destrezza ed eleganza del corpo da venir soprannominato, sia dai Greci che dai Troiani, ballerino. L'equitazione e la danza rappresentano per ogni principe un preludio all'arte militare, è impensabile che coloro che sono nati per governare evitino di esservi avviati ed addestrati. Il procedere su di una sedia gestatoria non è confrontabile, in quanto a esercizio fisico, con le attività delle quale si è parlato prima, ma, come qualsiasi movimento del corpo, è pur sempre più utile del semplice sedere o del mantenere una postura fissa che affaticano più che rinforzare. Assumendo una postura fissa prolungata, i muscoli della gamba e della coscia sono in tensione statica, situazione questa che molto spesso è all'origine delle varici degli arti inferiori; deve essere questa la ragione che fa dire a Giovenale "varicoso sarà l'aruspice", infatti gli indovini, per svolgere le loro osservazioni, avevano l'abitudine di mantenere posture fisse per molto tempo. Il navigare, alle volte, può risultare utile, più salutare era ritenuta la navigazione marina sotto costa, dove le esalazioni sono asciutte, rispetto a quella fluviale o lacustre. "Navigare sotto costa e camminare sulla riva sono cose molto convenienti" suonava un proverbio greco riportato da Plutarco nei *Simposi*. Il camminare, tra le altre attività, è fortemente consigliato da Ippocrate nel libro II, *Sulla Dieta*, specie nelle ore mattutine e, alle volte, anche dopo aver cenato. Platone nel *Fedro*, secondo un consiglio del medico Acumeno, preferiva deambulare in luoghi soleggiati, fuori dalla città, piuttosto che nei giardini all'interno delle mura, e questo perché nei primi l'aria è più pura.

Tra gli antichi il gioco della palla era abbastanza diffuso ed è consigliato da Galeno in molte delle sue opere; ai nostri giorni esso è ancora usato. Gli imperatori romani, secondo quanto scrivono autori coevi, non dimostravano vergogna nell'esercitarsi pubblicamente sia con la palla che con il pallone; Svetonio ci informa che Vespasiano, il quale ha goduto di buona salute sino in tarda età, si esercitava spesso nello sferisterio; secondo Eutropio, l'imperatore Antonino spesso lo si poteva vedere tra gli atleti; come riferisce Catarino d'Avila, il grande guerriero Gustavo Adolfo, per il quale vincere era uno scherzo, dopo aver riportato le vittorie, ancora sporco di sangue, giocava a palla alla presenza dei comandanti del suo esercito. Quanto un'attività fisica, anche moderata, favorisca la difesa della salute, ma anche la sua durata è dimostrato da Erodico, inventore dell'arte della ginnastica, che, ed è giusto che venga preso ad esempio da tutti, grazie alla attività da lui propugnata, è vissuto sino a cento anni.

A buon diritto, tra gli esercizi corporali c'è anche quello che si ispira a Venere, ma bisogna che sia legittimo, è quello che Tiberio chiamava *clinopale*; ma in questo campo occorre non poca temperanza perché, se l'esercizio oltrepassa il limite, le forze dell'organismo si logorano e può vacillare lo stesso equilibrio dell'anima; ma se il limite non viene oltrepassato può non risultare inutile, lo spirito, da parte sua, può trarne beneficio e riesce a trasfondere grande entusiasmo. Celso su questo argomento si è espresso egregiamente:

l'accoppiamento deve risultare né troppo temuto,
né troppo desiderato; quello frequente soddisfa
l'organismo, quello raro lo eccita.

Per coloro che hanno avuto in sorte di governare gli altri, non c'è niente di più sconveniente che professare il celibato; il massimo desiderio dei sudditi è che la Corte sia ricca di eredi. Al buon principe, raggiunta la giusta età, conviene, per poter prolificare, essere ammogliato, ma, per conservare la salute, bisogna che non risulti molto ligio alla moglie. Piace a questo punto riportare la considerazione molto brillante di Licurgo che, è pensabile, si addica ai principi, più che ad ogni altra persona; quel sapientissimo uomo, interrogato sul perché le sue leggi sancissero il fatto che il marito non doveva avere continui rapporti amorosi con la moglie, ma si doveva separare da lei per alcuni periodi, rispose che aveva stabilito quella regola per tre ordini di motivi: primo, perché l'uomo, non rimanendo sempre attaccato alle costole della moglie, sia più desideroso; secondo, perché l'amore tra i coniugi, a volte assopito, si ravviva; terzo, perché i figli siano più robusti e più vivaci. Le pratiche amorose, se caratterizzate dalla moderazione, promuovono il moto circolare del sangue e la dilatazione dei vasi; nozione quest'ultima ben conosciuta dalle donne del passato che usavano misurare con un filo la circonferenza del collo della vergine prima che questa si avviasse al letto nuziale; la misura veniva ripetuta all'indomani mattina con lo stesso filo, se questo risultava insufficiente a cingere tutto il collo, le donne esultanti proclamavano che la vergine era diventata donna. A questa consuetudine allude Catullo nelle *Nozze di Teti e Peleo* quando canta:

La nutrice, rivedendola all'alba,
non le potrà più cingere il collo col filo.

L'INVERSIONE DEL SONNO CON LA VEGLIA, TANTO IN VOGA NELLE CORTI DEI PRINCIPI, POCO SI CONCILIA CON LA CONSERVAZIONE DELLA SALUTE.

Non deve apparire strano che la salute dei principi sia spesso non buona e che essi si ammalino. La ragione va ricercata nel fatto che peccano non nei confronti di uno, ma di quasi tutti i precetti che sono alla base della conservazione della salute; piuttosto deve apparire strano che essi non si ammalino più di frequente e gravemente, tanto infatti, si discostano dalla maniera comune di vivere, da far pensare che si vogliono proprio distinguere dagli altri, alla stregua dei pianeti per i quali è naturale seguire un moto contrario, opposto a quello che la moltitudine delle stelle segue, con ordine costante, da oriente ad occidente. Ben si adatta a questa situazione quello che Ovidio dice nelle libro II delle *Metamorfosi*, quando fa parlare il Sole di se stesso:

Io mi muovo in direzione contraria, tenace, con rapido corso.

Tra gli errori che i principi commettono nell'uso delle cose non naturali, clamoroso è quello del sonno e della veglia; è noto infatti che i principi dormono quando tutti gli altri vegliano e sono intenti al lavoro e, al contrario, sono desti mentre non solo gli uomini, ma anche tutti gli animali sulla terra ed i pesci nell'acqua si abbandonano al sonno. Lascio giudicare agli stessi principi quello che di buono può derivare da una tale inversione del ritmo *nictemerale* che contrasta sostanzialmente con le regole della natura; rimane comunque evidente, volendo seguire l'ordine naturale, che la notte è fatta per riposarsi e per dormire e il giorno deve essere destinato alla veglia ed al lavoro. Non è forse vero che quando vogliamo prendere sonno ci difendiamo dalla luce? La luce per sua natura, sospinge gli spiriti vitali verso il mondo esterno e attiva la loro vigilanza, mentre le tenebre conciliano il sonno il quale attrae all'interno gli spiriti vitali. Il fenomeno è ben illustrato da quell'oracolo presente nel libro I, *Sulla Dieta* di Ippocrate: "La luce all'Orco, le tenebre a Giove, la luce a Giove, le tenebre all'Orco". A ragione dunque Esiodo nella *Teogonia* chiama il Sonno figlio della Notte, la Notte del Microcosmo, la Veglia del Giorno. "Bisogna dormire di notte e vegliare durante il giorno" dice Ippocrate nel *Prognostico* e Galeno commenta questo passo con le parole seguenti:

> Ai tempi di Ippocrate non esisteva contraddizione tra le cose secondo natura e quelle derivate dalla consuetudine; ai nostri tempi i ricchi si comportano in maniera contraria, sia rispetto agli altri che nei confronti del sonno, dormendo di giorno e vegliando di notte.

Seneca ha condannato con forza l'abitudine di invertire il tempo del sonno e della veglia, "A Roma abbiamo chi fa di notte giorno e viceversa", egli dice. Questa abitudine risulta essere molto antica, sarà sempre condannata ma sempre conservata.

Tra i Greci, gli Egiziani, i Romani, i ricchi avevano l'abitudine di trascorrere insonni gran parte della notte, impegnati a banchettare con i loro amici; dalle testimonianze di poeti e scrittori sappiamo che quelli consumavano il pranzo, modesto, con i familiari o che si limitavano ad assumere, al mattino, una colazione leggera, mentre a sera cenavano lautamente in compagnia dei loro amici giacendo su triclini. La stessa consuetudine gli Ebrei la mutuarono per piaggeria proprio dai Romani, ai quali erano sottomessi. È per questo motivo che il Cristo nostro Salvatore doveva essere sistemato su di un triclinio e ciò a dispetto degli ignari pittori dell'antichità, ai quali tutto è permesso, che lo hanno rappresentato assiso al centro della tavola; se non fosse stato sdraiato, come avrebbe fatto Giovanni a prendere sonno sul petto di Cristo e Maria Maddalena a lavargli i piedi stando dietro a lui, quando Cristo era a cena da Lazzaro in Betania? è questo che hanno dimostrato Fulvio Orsino nel libro *Sul Triclinio* in seguito al ritrovamento di un antico marmo patavino ed Ottavio Ferrario nel sua dottissima opera *Sulle Vesti*. Questi autori riportano anche il disegno del triclinio; erano composti da tre letti, uno di fronte e gli altri due ai lati, risultavano idonei ad accogliere diversi convitati e rimaneva così, al centro, lo spazio per i servitori. Torna a proposito il verso di Orazio:

Puoi vedere spesso su tre triclini
prendere il pasto tre commensali.

Quei ricchi, inoltre, nelle loro case possedevano abitualmente un letto particolare, magnificamente allestito, dove cenavano con grande lusso e pompa. Questi antichi dunque, giacendo su dei letti, passavano intere notti a cenare , talora da un giorno a quello successivo, e disponevano di mimi, pantomimi, citaredi e maestri di canto affinché, dopo aver saturato il corpo col cibo, potessero egualmente pascere gli animi con attrattive di vario genere; qualche volta avevano uomini di lettere dai quali ascoltavano opinioni sulle cose più sublimi; come nel caso di Enea: dopo aver cenato con regale splendore alla corte di Didone, in presenza dei dignitari, si levò Iopas dai lunghi capelli ed iniziò a cantare

Canta la Luna errabonda e le fatiche del Sole,
le origini della razza degli uomini e degli animali,
della pioggia e dei fuochi celesti.

La stessa cosa si può leggere in Lucano, quando parla di Giulio Cesare che, vinto Pompeo, fu accolto con grande pompa e lusso da Cleopatra; dopo la cena, sgomberate le tavole, questa, allo scopo di trascorrere la notte in conversari, sollecitò Achorea a parlare di argomenti non conosciuti sull'Egitto, riguardanti sia le abitudini sacre che quelle profane. Dunque, nei tempi antichi i conviti si celebravano poche ore dopo il tramonto del sole, oppure anche prima, come faceva Domiziano che, secondo Svetonio non cenava mai dopo il tramonto, e, dopo mangiato, il resto della notte veniva trascorso ascoltando canti, musica e dotti ragionamenti; così, protraendosi il convivio tanto a lungo, succedeva che la digestione fosse portata quasi a termine prima di andare a dormire. Questa modalità di inversione del ritmo sonno veglia risulta meno patogena di quella che viene praticata, consumando eccessi analoghi, ai tempi nostri. I principi infatti trascorrono gran parte della notte in occupazioni attinenti il loro governo, redigendo lettere, concedendo udienza a coloro che porgono suppliche e sbrigando altri affari, e quindi, non di rado, e siamo precisamente a mezza notte, prendono il pasto prima di concedersi il sonno che in questo modo occupa il resto della notte e la parte migliore del giorno, vale a dire le ore mattutine, durante le quali la luce del sole fa rinascere gli spiriti vitali; il sonno è poco riposante ed agitato e da esso si svegliano con torpore e con la digestione viziata.

Dal momento che risulta praticamente impossibile abolire la consuetudine invalsa nelle corti di vegliare di notte e di dormire di giorno, sarà bene che i principi in questo campo adottino almeno alcuni accorgimenti: l'ora della cena sia anticipata, essa risulti più parca, si lasci passare un intervallo sufficiente tra cena e sonno. Ippocrate nel libro I, *Sulla Dieta* consiglia di passeggiare dopo la cena, cosa questa che favorisce la dissipazione delle flatulenze prodotte dal cibo assunto. Augusto si allontanava di frequente dal convivio, lasciando che i convitati continuassero a mangiare, concludeva la cena con poche portate e prevedeva degli intermezzi animati da musici, istrioni, personaggi del circo e, molto spesso, buffoni. Deve esserci una regola che presiede al tempo del sonno e della veglia, infatti, è questo che diceva Ippocrate, lo stato di salute dipende da un rapporto tra alimentazione ed attività fisiche, bisogna ammettere che lo stesso deve esistere con il sonno e la veglia. Sarà da considerare adeguata una proporzione di tre ad uno tra veglia e sonno, vale a dire che bisogna riservare al sonno otto ore.

Aver dormito sette ore basta al giovane come al vecchio.

È questo il versetto che si può leggere nel libro *Sulla Medicina del Corpo e della Mente*. Plutarco paragona, con una certa efficacia, il sonno agli appaltatori di pubbliche imposte; come questi rubano la metà dei tributi, così il sonno si appropria di pressoché la metà della vita; ne consegue che più dormiamo e meno viviamo. Se consideriamo tempo di vita non quello durante il quale siamo ammalati, ma quello caratterizzato dal benessere, allo stesso modo non consideriamo tempo di vita il sonno, ma la veglia. Tuttavia, importanti sono i benefici che ci derivano dal sonno, ma solo nel caso che esso obbedisca a delle regole. Sono da leggere i versi di Ovidio dove, Iride, messaggera di Giunone, si rivolge al Dio Sonno profondamente addormentato nella caverna cimmeria:

O Sonno, quiete della natura, dolcissimo Sonno degli dei,
pace dell'animo, le preoccupazioni sfuggono te,
che sei ristoro dei corpi affaticati e stanchi.

Mi sono spesso domandato perché il sonno è tanto necessario, sino al punto che la sua carenza risulta incompatibile con la vita o, almeno, la rende miserrima; è ciò che è capitato a Mecenate che, rimasto insonne per tre anni interi, alla fine morì consunto dalla malattia. Stessa sorte ebbe Nizolio Ciceroniano del quale Eurnio, nel libro *Delle Malattie del Capo*, dice che campò per un decennio senza dormire, ma evitando di soddisfare quanto un animo avido di verità si era proposto. Se qualcuno dirà che il sonno è indispensabile per compensare il dispendio quotidiano di forze vitali relativo alla veglia diurna ed alle funzioni naturali, io, da parte mia, seguendo le osservazioni compiute da Santorio nella sua *Medicina Statica*, sosterrò che è di gran lunga superiore ciò che viene insensibilmente consumato e perso di notte, nel sonno, rispetto all'assimilazione ed insieme al dispendio svolti dal nostro organismo durante la veglia. A coloro che affermano che nel sonno viene completata la digestione degli alimenti grazie al calore, al concentrarsi all'interno dell'organismo delle forze, al fatto che i succhi nutritivi raggiungono più prontamente le parti del corpo, ed in effetti alcuni animali ingrassano a causa del sonno, più di quanto non succede durante la veglia, quando prevale la dispersione all'esterno del calore e delle forze, a questi io risponderò che, nonostante la verità di tutto ciò che affermano, essi non arrivano ancora a dimostrare perché il sonno sia tanto necessario; infatti se qualcuno in buona salute, per un qualsiasi fortuito motivo, si trova nella condizione di dover trascorrere due o tre giorni insonne, si sente talmente debole da non poter neppure sorreggersi ed a nulla vale, per ristabilire quelle forze, la possibilità di assumere i migliori alimenti ed i vini più generosi. Come si spiega questo fenomeno? Come mai niente è capace di contrastare quegli effetti prodotti dalla privazione del sonno, se non il sonno stesso? Oppure è da pensare, piuttosto, che nella veglia prolungata il tono delle fibre si riduca e che esse, a causa dell'ininterrotto movimento delle forze, rimangano in tensione mentre si rilassano e si rivitalizzano solo col sonno quando permangono in una condizione intermedia tra il movimento e l'inazione? In effetti quando siamo svegli, sia che stiamo in posizione seduta, sia che camminiamo, i nervi e le fibre muscolari sono in tensione continua e quindi in attività, anche se entra in gioco tra di loro un fenomeno di alternanza, mentre durante il sonno tutti, allo stesso modo, si rilassano; così vediamo tutti gli animali che, quando dormono, giacciono in posizione ricurva, in questo modo fanno buoi, cani, gatti e tutti i quadrupedi. Quasi tutti i bambini dimostrano di assumere lo stesso atteggiamento, a letto flettono sempre le gambe ed anche andando avanti con gli anni si addormentano mantenendo una qualche flessione del corpo e non riuscirebbero a dormire se fossero costretti a mantenere le gambe dritte e le braccia tese. Abbandoniamo questo argomento lasciandolo, per più approfondite indagini, ad altri più ricchi ingegni.

A conclusione del presente capitolo piace riportare la massima di Ippocrate che si attaglia in maniera perfetta alle nostre considerazioni, ma che, per alcuni lati oscuri delle parole, necessita di un commento. "Dormire, al freddo, ben coperti", così dice il maestro nel libro IV, capitolo VI, *Delle Epidemie*. Tale massima di Ippocrate tradotta dal greco in latino ha avuto diverse interpretazioni, come si può vedere, ad esempio, nei commenti svolti a proposito di essa da Galeno e Vallesio; tuttavia l'interpretazione più ragionevole ed autentica che offre anche una utile indicazione sul come prendere sonno è la seguente: meglio è il dormire in luogo piuttosto freddo che caldo, per facilitare la respirazione, infatti nel sonno si verifica una concentrazione del calore all'interno che si realizza principalmente a livello di alcuni visceri ed allora sarà preferibile inalare aria più fredda, ma avendo ben coperto il corpo affinché i morsi del freddo non disturbino il sonno. Lo stesso significato è sotteso nell'interpretazione fornita da Paolo Heredia; ed anche Cornelio Celso sembra essere del medesimo parere, o meglio, egli ha mutuato da Ippocrate la stessa massima quando consiglia fortemente di dormire in camere spaziose. Non hanno sufficiente cura di se stessi coloro che, per difendersi dal rigore dell'inverno, dormono in anguste stanze, come è in uso tra le nostre suore e tra i monaci di alcuni ordini religiosi; questi prendono sonno in minuscole celle e reimmettono nei polmoni la propria aria espirata dalla bocca e le esalazioni provenienti da tutto il corpo. Quali cattivi odori emanino queste celle lo hanno imparato a conoscere i medici, quando vi mettono piede, al mattino, per visitare degli ammalati. I principi, che tutto hanno a disposizione, pertanto dormano, secondo l'insegnamento di Ippocrate, "al freddo, ben coperti".

CAPITOLO OTTAVO

ATTENZIONE DEVE ESSERE PRESTATA ALLE ESCREZIONI NATURALI, VERA TESTIMONIANZA DEI PROCESSI CHE SI SVILUPPANO NEL NOSTRO ORGANI-SMO, AFFINCHÉ RISULTINO ADEGUATE E NON SIANO DI IMPEDIMENTO L'UNA ALL'ALTRA

Come l'arte culinaria ha permesso di rendere gli alimenti indispensabili per il sostentamento del corpo piacevoli al palato e nel contempo di più facile digestione, così la chimica, con gli strumenti di cui dispone, dovrebbe poter ridurre ad una sorta di quintessenza tutto ciò che i cibi contengono di succhi nutritivi, anche al fine di facilitare il loro trasferimento nelle zone più periferiche del corpo, rendendo così possibile l'eliminazione, per mezzo della semplice traspirazione, di quanto può esserci di impuro, col risultato di evitare che si accumuli nel ventre una gran quantità di escrementi che poi siamo costretti ad espellere ogni giorno. Sono dell'avviso che, anche quando potrà essere realizzato un tale obiettivo, la condizione umana non risulterà più felice a motivo di ciò, anzi, considerando la struttura del nostro corpo, per come siamo conformati, ne deriverebbero degli svantaggi e lo stesso aspetto ne perderebbe in termini di decoro, poiché la fermentazione continua che ha luogo nello stomaco non avrebbe su cosa agire e e percepiremmo una sorta di erosione accompagnata da sofferenza; è quella sensazione che sperimentiamo rimanendo a stomaco vuoto e, come ci ricorda un vecchio modo di dire, aver fame e non poter mangiare ci rendono impazienti, in effetti, in una tale situazione si realizzano un flusso biliare ed una secrezione pancreatica che non possono non indurre importanti effetti indesiderati. La respirazione risulterà più difficoltosa, infatti l'intestino disteso dai residui alimentari funge da sostegno per i visceri; deve essere per questo motivo che coloro i quali mangiano una sola volta al giorno sembrano avere visceri pendenti, proprio come diceva Ippocrate (*De rat. vic. in ac.*, XVI). Sempre secondo Ippocrate, nel libro LI, *Sulle Fratture ed Articolazioni* , il digiuno è sconsigliabile nei casi di fratture costali, infatti, egli dice, "una moderata replezione dell'addome facilita l'allineamento delle costole". Perché si verifichi la separazione delle parti più dense dal chilo è necessaria la produzione di un ammasso di escrementi nell'intestino che deve permanere per qualche tempo. Un ragionevole rigonfiamento dell'addome, specie riguardante la regione inferiore, è non solo utile alla conservazione della salute; tale più accentuata rotondità è consigliabile e contribuisce a dare grazia ed eleganza a tutto il corpo; non risulta granché gradevole un addome depresso, come quello che si vede in coloro che presentano una patologia dell'ipocondrio e tra gli ammalati di scorbuto. Corrisponde al vero quanto scrive Sant'Agostino nel libro XXII, capitolo XXIV, *De civitate Dei*:

> non c'è nessuna parte del nostro corpo che non abbia contemporaneamente una utile funzione ed anche un effetto estetico. Ciò ci risulterebbe con maggiore chiarezza se di tutte queste parti riuscissimo a conoscere quantitativamente le condizioni relative alle loro connessioni ed armonie.

Non è il caso che l'uomo si preoccupi di distinguersi, parlando di questa materia, dagli altri esseri viventi; applicando soltanto ragione e temperanza, non solo gli escrementi, ma anche le secrezioni degli altri organi verrebbero prodotte adeguatamente, in conformità delle leggi naturali. Non è nelle mie intenzioni esporre in che modo, nel soggetto sano, si formino nel nostro organismo sia le escrezioni che le secrezioni naturali; ha adempiuto a questo compito in maniera esauriente, nelle sue opere più recenti, il dottissimo Terenzonio, professore di medicina dello Studio di Pisa; mi propongo di fornire soltanto alcune indicazioni per difendere la salute ed in particolare quella dei principi. È noto quanto siano diversi, in condizioni di malattia, i momenti nei quali risulta di estrema importanza osservare le feci e le urine, non solo in fase diagnostica, ma anche prognostica e terapeutica; ma è opportuno agire nello stesso modo anche in condizioni di buona salute. In realtà questo tipo di osservazione, così importante, che spesso viene tralasciata, deve essere assolutamente fatta quando abbiamo a che fare con un principe, l'incolumità del quale è cosa altamente desiderabile. È necessario che il medico incaricato di governare la salute del principe indaghi e conosca con precisione la sua indole e, anche in uno stato di perfetta salute, se abbia tendenza ad un alvo diarroico piuttosto che stiptico, se l'alvo è influenzato dal cibo assunto, e se risulta possibile moderare le intemperanze. Molti principi, a motivo della grande varietà degli alimenti consumati, presentano una digestione difficoltosa ed un alvo diarroico, così che, meno perfetta è la digestione, e più sgombro appare l'addome; alle volte tuttavia, a ragione del livello di moderazione e dell'assunzione di particolari alimenti, l'alvo è più stiptico con conseguenti non piccoli inconvenienti. "Costipazione addominale, confusione generale, impurità dei vasi, esaurimento cerebrale", diceva Ippocrate nel libro III, capitolo VI, *Delle epidemie*; secondo il commento di questo passo fatto da Galeno bisogna considerare come causa l'alterata digestione gastrica, mentre, con altrettanta ragionevolezza, con Vallesio, potremmo prendere in considerazione l'alterata capacità di espulsione dell'intestino.

Quando succede che l'alvo sia più diarroico di quanto dovrebbe è meglio intervenire sugli alimenti piuttosto che con le medicine, ricorrendo a quelli che hanno un qualche potere astringente e che agiscono con capacità corroboranti sulle fibre dello stomaco e dell'intestino, come il pane ben cotto, le carni arrostite, piatti a base di riso, mele cotogne, pere, ma escludendo il vino dolce ed i dolciumi. Alle volte, in relazione ad una particolare costituzione, come nel caso di alterazioni vasali, l'alvo si presenta più stiptico perché il chilo non defluisce agevolmente attraverso i vasi mesenterici, o secondo le osservazioni, fondate sulle conoscenze del tempo, delle vene lattee dell'addome delle quali parla il dotto Ballonio nelle sue *Effemeridi*, per lo stesso motivo, dice quell'autore, per cui le donne spesso presentano un addome più lasso in relazione al fatto che si riempiono di cibi diversi, senza ordine alcuno, conducendo vita poco o per nulla attiva così che i vasi non ritengono quello che dovrebbero; cosa che non succede agli uomini che hanno vasi più ampi e che conducono una vita più attiva. Se dunque vengono messi in evidenza segni che depongono per la presenza di vasi di diametro più ridotto, occorre limitare l'introduzione di alimenti, privilegiando comunque quelli che possiedono una qualche capacità di rinvigorire il calore naturale e nel contempo di dilatare i vasi ed occorre anche esercitare una moderata attività fisica. Se l'alvo è più stiptico, bisogna parimenti ricorrere ad alimenti capaci di renderlo meno consistente, come fanno le carni più tenere ma lessate, come ad esempio il castrato, il vitello, il capretto, il pollo, i pesci e ricorrere a tisane a base di erbe, uva passa, prugne e simili,

Mangia vecchie prugne grinzose, aiutano l'intestino pigro.

Bisogna evitare l'uso di clisteri emollienti, se non in caso di estrema necessità, perché, anche se preparati con decotti di erbe e latte, il loro frequente impiego porta alla rottura o all'allentamento delle fibre, e, non di rado provoca coliche addominali e induce l'organismo a cattive abitudini. Una volta ho conosciuto a Roma un porporato che, per via di una ostinata stipsi, aveva un servo il quale gli praticava a dì alterni dei clisteri emollienti, ma con risultati non sempre soddisfacenti, anzi gli procuravano, alle volte, delle turbe addominali non lievi, ma si era talmente assuefatto a quel genere di rimedio da non potervi rinunciare per molti anni, finché visse; molto di più bisogna guardarsi da lassativi ed eccoprotici introdotti per via orale, perché causano costantemente alterazioni dello stomaco. In presenza di alvo stiptico, alcuni prescrivono dei chicchi di cassia, ma essa non è precisamente innocua, tanto che il suo uso va visto con sospetto, infatti provoca flatulenza e non si può dire che faccia bene allo stomaco; è per tale ragione che Ballonio, medico con molta esperienza la chiama "cacostomacos" e nel libro II della sua *Epidemiologia* ne disapprova con forza l'uso, che si sia purgato o no l'organismo, nelle malattie dei reni e della vescica e sostiene che la cassia debba contenere una certa quantità di veleno. La cassia viene egualmente condannata dal nostro Falloppio, *De Med. Pur. Cap. de Cassia*, da Giovanni Beverovicio nel libro *De Ren. & Ves. Cal*, da Ludovico Nonio nella lettera allo stesso Beverovicio e da molti altri ancora. Quando, o per predisposizione familiare o per alimentazione incongrua, i principi, come spesso succede, soffrono di affezioni renali, il medico deve diffidare della cassia come lassativo per il principe; piuttosto deve adottare una dieta che sia capace di contrastare la costrizione addominale.

È opportuno porre non minore attenzione alle escrezioni della seconda ed anche della terza digestione, infatti spesso non mantengono tra di loro la dovuta proporzione; una minzione abbondante si accompagna ad una ridotta deiezione, come dice Ippocrate nel libro IV degli *Aforismi*; infatti se le materie più fluide vengono fatte convergere nelle vie urinarie, non è strano che le escrezioni risultino più secche e meno frequenti le deiezioni, mentre le minzioni sono abbondanti; ciò è in rapporto con l'uso di cibi più caldi, di vino troppo schietto oppure con la temperatura calda e secca. Coloro che corrispondono a queste caratteristiche vengono chiamati "epiflebi", sono dotati di vene ampie ed hanno una minzione copiosa; infatti data l'ampiezza delle vene lattee, gran parte degli umori mescolati nel sangue defluiscono nei reni. Ippocrate nel libro III, capitolo VI, *Delle Epidemie* dice: "porosità della cute, durezza dell'addome"; ciò significa che una abbondante traspirazione produce un alvo stiptico e quindi una minor presenza di liquidi nell'intestino e sono questi ultimi che determinano feci più molli ma più facili da eliminare. Per quanto gli è possibile, il medico ha il compito di promuovere l'allontanamento, attraverso i tre principali apparati escretori dell'organismo, delle impurità, ma in maniera adeguata e seguendo leggi naturali, cosa questa che si ottiene ricorrendo alla temperanza nel vitto ed al corretto impiego di rimedi non naturali.

CAPITOLO NONO

NULLA NUOCE DI PIÙ ALLA SALUTE DEI PRINCIPI CHE LE PASSIONI DELL'ANIMO; PER QUESTE NESSUN RIMEDIO PUÒ VENIRE DALLA MEDICINA

Nel novero delle cose che i medici definiscono non naturali e che si collocano in posizione intermedia tra quelle considerate secondo natura e quelle contro natura, i patemi d'animo occupano generalmente l'ultimo posto, anche se essi, a piena ragione, rivendicano il primo, dal momento che, più delle altre, sono capaci di minare pesantemente la salute sino a indurre gravi malattie. È facile rendersi conto di quanto le forze delle passioni dell'animo siano efficaci e quale profonda rivoluzione siano capaci di attuare, da un momento all'altro, nella massa sanguigna, con effetti che sono chiaramente illustrati da segni caratteristici ed indizi che compaiono in parti esterne del corpo e principalmente sulla faccia; di tali argomenti ha scritto in maniera esauriente Cambreo nel libro *De Pass. Carac.*, così nell'ira, che tra tutte le passioni è la più veemente, succede che in una prima fase il sangue si ritragga all'interno e subito dopo, in una seconda fase, venga proiettato con grande violenza verso l'esterno; così chi è alterato a causa dell'ira ha la faccia e gli occhi iniettati, la bocca diviene amara, le labbra schiumano, il polso è alto e frequente, la parola si blocca, i movimenti diventano agitati e compaiono altri segni che sono caratteristici di persona insana, furente. Sono queste le precise parole di Oreste. L'animo, sconvolto, è incapace di rivolgere le sue forze verso ciò che è oggetto del suo odio, minaccioso ed esagitato, chiamate a raccolta tutte le forze, espelle, con movimenti cardiaci, gli spiriti ed il sangue all'esterno; le sistoli, per l'affluire degli spiriti animali, diventano così frequenti che il sangue spinto attraverso le arterie nei vari organi ed impossibilitato a riprendere prontamente la via delle vene, perfonde la cute arrossandola. Meccanismi contrari agiscono nel caso del timore, quando l'animo è cosciente di non disporre delle forze sufficienti per allontanare da sé ciò che gli è ostile; una contrazione generalizzata delle fibre ostacola la circolazione del sangue, o meglio, si attua una ritrazione del sangue, attraverso le arterie, sino al punto della sua origine, cosa questa che ha fatto ipotizzare ad alcuni l'esistenza, tra gli altri movimenti del sangue, anche di quello retrogrado. Diventa attivo, sulla base della legge della simpatia, un fenomeno di necessità meccanica tra animo e corpo, i movimenti che hanno luogo nell'animo, prendono inizio, eguali, nel corpo, in tutta la massa dei fluidi; così il timore che affligge gli uomini ha un corrispettivo repentino nel pallore del loro volto, il corpo è attonito a guisa di simulacro, la mente è stupefatta e la voce si spegne in gola. È così che succede per ogni genere di passione, ognuna si rivela con segni e tratti suoi propri, già illustrati dal citato autore. Si deve concludere che i turbamenti dell'animo si accompagnano a perturbazione sia a carico del sangue che di tutti gli altri fluidi; non è strano che, in preda a patemi d'animo, l'economia naturale risulti sovvertita e che lo stato di buona salute venga facilmente a mancare. Gli scrittori riportano molti esempi di persone morte improvvisamente a causa di un grande impeto di ira e parimenti esempi di persone che, colte da grande terrore o da improvviso gaudio dopo una profonda tristezza, sono spirati.

Se gli affetti dell'animo hanno, come vediamo quotidianamente, grande influenza sulla gente comune ed anche sugli umili, tanto più essi debbono esercitare i loro influssi su coloro che, benché posti al di sopra degli altri, non riescono con tutto il loro potere ad ottenere ciò a cui aspirano con più grande ardore, vale a dire prevenire accidenti e malanni ai quali non cessano di pensare neanche durante il sonno. Chi, tra coloro che possiedono principati, reami e imperi non si augurerebbe di avere la fortuna di Augusto, la sua prosperità, l'estensione del suo impero e la sua longevità? Ma bisogna leggere Plinio, libro VII, capitolo XLV delle *Storie Naturali*, il quale elenca una lunga serie di malanni e disgrazie capitati ad Augusto, così numerosi che non è possibile non considerarlo un principe molto infelice, sebbene portato ad esempio di felicità. Ad Augusto capitava di compiangere se stesso, principalmente in relazione ai costumi della figlia Giulia, la virtù della quale era messa in discussione; come riferisce Macrobio nel libro II, *Satur.*, capitolo V, Augusto soleva dire agli amici:

> Ho due figlie dilette, Giulia e la Repubblica, il peso di entrambe ricade tutto sopra di me.

Secondo le testimonianze lasciateci da molti scrittori, Augusto, appresa la notizia della disfatta di Varo in Germania, fu colto da così grande paura e dolore che ordinò che la città fosse sorvegliata dalle guardie affinché non si sviluppasse la rivolta, proprio come se i Germani fossero arrivati in Italia, e fece voti solenni a Giove perché salvasse la Repubblica:

> Era talmente sconvolto che per molti mesi tralasciò di radersi e di tagliarsi i capelli, alle volte sbatteva la testa contro la porta ur-

lando: — Quintilio Varo ridammi indietro le mie legioni.

Nonostante Augusto fosse dotato di aspetto sano e piacevole, leggiamo che era cagionevole di salute e spesso afflitto da gravi malattie, tanto che Antonio Musa, valente medico, non ottenendo alcun risultato rispetto alla sua condizione, neanche dopo aver fatto ricorso all'uso dei rimedi considerati più idonei, in via eccezionale tentò una terapia che metteva in pericolo il paziente e come dice Plinio "Augusto venne fuori da un grave pericolo grazie ad una cura eroica"; non è ciò che fanno d'abitudine i medici i quali, dice Celso,

> sulle persone importanti non azzardano mai terapie non consolidate per la paura che vengano accusati di aver ucciso il malato nel caso egli non guarisca.

Credo che non si possa non far risalire la cattiva salute e le frequenti malattie di quel principe ai suoi patemi d'animo; egli non riusciva ad evitare di essere sollecitato da un intrecciarsi di situazioni contrastanti e cioè, la iniqua sorte e, intercalata ad essa, la felicità. Dal momento che i principi che governano sul popolo non mancano quotidianamente di motivi idonei ad alterare i loro animi, non è il caso di meravigliarsi se essi hanno una salute così poco buona; bisogna al contrario sorprendersi del fatto che non si ammalino più di frequente. È ben nota la furiosa tempesta che, aggiratasi per tutta l'Europa nel primo decennio di questo secolo, ha segnato la sorte dei principi, tanto che, per ridurli a ragione e per restituire la pace, è stato necessario fare pubblici voti a nostro Signore Iddio. I principi, se hanno a cuore la propria salute, devono, per quanto è possibile, guardarsi da violenti turbamenti dell'animo, certo senza aspirare a raggiungere quello stato di apatia propagandato con ambizione da alcu-

ni filosofi, cosa questa che equivarrebbe a togliere l'uomo dal-
l'uomo; infatti come dice San Gerolamo

> sino a quando alloggeremo nel tabernacolo del nostro corpo e
> saremo circondati dalla carne che è debole, avremo la capacità
> di moderare e limitare i nostri affetti e le passioni, mai riusci-
> remo ad eliminarli.

Che godano, soffrano, si rattristino, che provino compassione, che, alle volte, si adirino, che l'ira sia degna di un principe,
come Ovidio dice di Giove,

> Grandi passioni volge nell'animo, ed ire degne di Giove

così pure leggiamo nelle Sacre Scritture che l'ira di Dio puni-
sce i peccati degli uomini. È di grande interesse notare che colui
che si adira oppure è furente, e compie in quello stato una qualche azione, dopo si pente, come nel caso dell'imperatore Adria-
no, riferito da Galeno nel *De cognos. & cur. ani. mor.*; costui, in un
momento d'ira, aveva cavato un occhio ad un suo servo ed in seguito, vistolo guercio, fu preso dalla compassione e si impegnò a
dargli quanto egli avesse desiderato e richiesto; di fronte al silenzio del servo, l'imperatore rinnovò il suo impegno e quello finalmente rispose dicendo di non richiedere nessuna cosa se non
l'occhio che aveva perso, occhio che l'imperatore non avrebbe
potuto restituirgli. Bisogna dunque che sia la ragione a tenere le
redini e a governare i moti dell'animo, ed in particolare dell'ira
alla quale è più facile che si abbandonino i potenti.

> Se vuoi veramente comandare, domina il tuo animo,
> tenendolo a freno.

La moderazione è altamente raccomandabile negli attacchi d'ira; praticandola, il principe, si fa benvolere dai sudditi, i quali così vengono rassicurati sul fatto che egli non fa niente che non sia ispirato alla prudenza ed alla giutizia. Quanto scrive Claudiano fa proprio al caso dei principi,

> È simile agli dei colui che agisce spinto dalla ragione,
> non dall'ira.

La ragione rappresenta pertanto l'unico rimedio per le passioni, in quanto capace di controllare i gravi rischi che esse pongono alla salute; in questo campo è alla filosofia morale e non alla medicina che bisogna rivolgersi per avere lumi. Alla fine si tratta di non invocare nulla di diverso da quella ragione di cui ha delineato i caratteri Galeno nella sua importante opera *De cogn. & cur. anim. morbis*. Rispetto a questa materia, tuttavia, il ministero del medico nella difesa della salute dei principi non va visto come del tutto inutile; egli mantiene un ruolo nell'illustrare a quale passione il principe è più soggetto, se all'ira od alla melanconia o ad altre ancora, cosa che, bisogna crederlo, egli dovrebbe conoscere più di chiunque altro; avrà l'opportunità di instaurare una dieta ed uno stile di vita che abbiano la forza di moderare la predisposizione e contrastarne gli effetti. Così, se il principe è dotato di temperamento esuberante, il medico deve prescrivere una dieta che reprima il fervore del sangue e degli spiriti, favorire il consumo di vino acidulo o annacquato, in poche parole, una dieta contrastante; se invece per suo temperamento naturale, è incline alla melanconia deve consigliare cibi che arricchiscano la massa sanguigna di particelle volatili e capaci di vivificare gli spiriti, al bisogno consigli il consumo di vi-

ni discretamente generosi che più si confanno al suo temperamento. Questo è l'indirizzo da adottare avendo a che fare con
dei melanconici o con coloro che abbisognano di cure più energiche, in tal modo è possibile tamponare la componente acida
del sangue, non diversamente da come il vetriolo, gli acidi dello
zolfo ed altri ancora addolciscono con lo spirito il vino. È proverbiale il detto

offrite della sicera ai melanconici e del vino a chi ha pene di cuore.

Così nell'*Odissea* di Omero, Elena offre a Menelao ed a Tele-
maco, figlio di Ulisse, il rimedio contro la melanconia, cioè del
vino nepente che le era stato donato in Egitto da Polidamna,
moglie del re Teone. Non appena il medico si accorge che il suo
principe deperisce e che sul suo volto compaiono i segni di sofferenza a motivo di una qualche passione particolarmente dura-
tura, lo avverta tempestivamente della necessità di ricorrere ai
rimedi del caso, in modo da scongiurare la rapida comparsa di
malattie; può essere questo uno stimolo adeguato per fare allontanare dalla sua mente delle idee che lo tormentano.

CAPITOLO DECIMO

QUALI DEBBANO ESSERE GLI STUDI LETTERARI DEI PRINCIPI PERCHÉ ESSI NON INFLUISCANO NEGATIVAMENTE SUL LORO BENESSERE

Ai principi capita, nello svolgimento dei propri compiti, di dover ricorrere alla scrittura; può succedere che, per questo motivo, i principi siano colti da una sorta di furore per lo studio delle lettere e che, come si suole dire, ambiscano all'alloro, cioè vorrebbero raggiungere, anche in questo campo, un primato, ma spesso i risultati sono dubbi e, quello che è peggio, rischiano di mettere seriamente a repentaglio la loro salute. È opportuno tuttavia che i principi, che si situano sempre al di sopra di tutti gli altri, non appaiano del tutto digiuni di lettere e di musica. Un principe risulterà meno gradito ed apprezzato agli occhi dei propri sudditi se la sua figura, cioè un campione di tutte le virtù, non corrisponde a quella che questi ultimi pretendono di avere. Sono molto indicati gli studi letterari da svolgere in maniera diligente nella prima gioventù, in particolare quelli umanistici, come la lingua latina, la retorica, la poesia; grazie a questi studi, il principe riceverà molto onore e otterrà un altro genere di vantaggio, quello di educarsi liberandosi da un'originaria rozzezza.

Gli studi liberali, coltivati con impegno,
educano i costumi eliminandone ogni rozzezza.

Conviene inoltre che chi è nato per comandare sia moderatamente versato nelle lettere ed anche interessato alle scienze più sublimi, quali la filosofia e le discipline matematiche; questo perché, quando gli dovesse capitare di essere presente in un pubblico dibattito, capisca almeno il nocciolo delle questioni; non è invece indispensabile che si intenda di sottigliezze di logica e di "argomentazioni entimematiche svolte con periodare rotondo". È necessario che venga istruito di più in filosofia morale che in quella naturale; per svolgere questo compito sono disponibili precetti fondamentali, sia degli autori del passato che di quelli contemporanei, dai quali è possibile attingere, senza sforzi eccessivi, ottimi insegnamenti utili per governare se stessi e gli altri. Coloro che si sono dedicati totalmente allo studio delle lettere tanto da raggiungere la fama, conoscono bene il prezzo, in termini di dispendio di tempo, di forze e di salute, dell'espressione di elogio "Oh, uomo di lettere!"; si tratta di gente che ha finito per struggersi sui libri ed ha passato la vita alla luce di una lampada, come è stato detto di Demostene che ha consumato più olio per la lampada che vino.

Chi si propone di raggiungere nella corsa la meta desiderata,
fin da piccolo sostenne innumerevoli prove e fece innumerevoli
esercizi; caldo e freddo sopportò

diceva in versi Orazio. Dal momento che è impossibile raggiungere un qualche riconoscimento in campo letterario se non con tanto impegno, notti insonni e conseguenti danni alla salute, i principi, che sono venuti al mondo non tanto per se stessi, quanto per gli altri, debbono avere cura di conservare la propria salute ed essere sapienti con sobrietà. Innumerevoli possono essere i danni che derivano ad un organismo in salute da un impegno eccessivo nello studio e dall'indagare su cause astruse; lo stomaco è il primo a soffrire per lo studio condotto in maniera esagerata poiché il calore naturale e gli spiriti animali sono distolti dalla loro funzione che è quella di digerire gli alimenti. Come dice Celso nel libro I, *Della Medicina*:

> Ai deboli di stomaco, nel qual numero si comprendono molti degli abitanti delle città e quasi tutti i letterati.

I deboli di stomaco quindi debbono prestare la massima attenzione allo studio ed alle notti insonni, condizioni rischiose che favoriscono l'instaurarsi di danni a livello di molti organi; infatti, tale chilo, tale sangue, e poi ne soffre l'organismo nella sua totalità. È appropriata l'espressione di Q. Sereno secondo la quale lo stomaco è il re di tutto l'organismo; il suo normale funzionamento si ripercuote sulle membra dando loro vigore. Tra gli altri organi ed apparati, la testa, sede dell'anima e roccaforte di Minerva, subisce gravi insulti a causa della tensione dei nervi e dell'estasi che si realizza nelle contemplazioni sublimi; le altre parti dell'organismo vengono private della luce animale e ne derivano torpore ed indolenza; il sangue defluisce più lentamente nei vasi con conseguente sovvertimento dell'economia dell'intero organismo. Molti sono gli effetti negativi che si riversano sull'organismo a causa dell'impegno che la mente deve profondere nello studio delle lettere; opportunamente Plutarco, nel libro *De Pre. Salub.*, diceva che nelle interrelazioni tra corpo ed animo, il danno che si instaura a carico di quest'ultimo non risparmia il primo. Essendo l'animo tutto preso dal furore degli studi, l'organismo ne soffre. Anche Platone nel *Timeo* dice che quando l'animo è intento a studiare il corpo si indebolisce al punto che spesso si rende necessario abbandonare del tutto gli studi. Innumerevoli sono i danni che produce alla salute l'aspirazione a raggiungere la fama in campo letterario e comunque è difficile perseguire nello stesso tempo fama e salute; infatti, è indispensabile vivere sopra i libri e talora scrivere, cose queste che non si possono realizzare se non assumendo per molte ore una postura fissa e prolungata, o seduti oppure in piedi, in entrambi i casi l'organismo subisce gravi danni. Nella stazione seduta si produce, per compressione, intorpidimento delle cosce e delle gambe; in quella eretta i muscoli si affaticano per la tensione continua; in entrambe il sangue defluisce più lentamente. È opportuno osservare che i religiosi di alcuni ordini che sono maggiormente dediti allo studio delle lettere sono tutti macilenti e melanconici, benché conducano per altri aspetti una vita regolare e si alimentino in maniera adeguata; invece altri religiosi, di diverso ordine, che si applicano di più alla contemplazione delle cose celesti ed alle pratiche della pietà, appaiono ben pasciuti, forti e ben coloriti nonostante conducano vita austera, camminino a piedi nudi e vestano allo stesso modo sia in estate che in inverno. Dal momento che i principi devono avere cura della propria salute a vantaggio, non solo di se stessi, ma anche di coloro sui quali esercitano il comando, essi possono dedicarsi con moderazione agli studi, solo per diletto e per poche ore della giornata; se proprio debbono vegliare è bene che lo facciano per garantire un sonno più sicuro ai propri sudditi. Come, secondo quanto scrive Plutarco, Epaminonda, duce dei Tebani, il quale, essendo stato interrogato sul perché perlustrasse, durante la notte, le mura della città, rispose che rimaneva sobrio e vegliava per consentire agli altri di bere oppure di dormire. Anche Omero nel libro II dell'*Iliade*, rappresenta Giove sempre vigile e tutti gli altri dei che dormono profondamente.

Mentre tutti gli altri, dei e uomini, erano immersi nel placido sonno notturno, il solo Giove molte cure volgeva nell'animo.

Oltre a ciò, si è osservato che i principi che si sono votati anima e corpo allo studio di scienze sublimi, sono stati poco fortunati ed hanno fatto torto non solo alla loro salute ma anche alla propria fama e stima, tanto che, alle volte, sono stati fatti oggetto di scherzi e lazzi. La storia riporta i tanti malanni dei quali ha sofferto il re Alfonso di Castiglia, che ci ha lasciato le tavole astronomiche; egli era tutto preso dalla osservazione dei movimenti dei pianeti, ed in particolare dai giri erratici di Marte, e si pensava che non osservasse a sufficienza i suoi errori nel governo del popolo e, dicono, era diventato a tal punto empio da voler carpire il mistero delle opere divine, come aveva fatto quel personaggio di cui parla Luciano. L'imperatore Giuliano, detto l'Apostata, si distinse nello studio dell'eloquenza ed in ogni genere di erudizione, come testimoniano le opere che ci ha lasciato, ma a quali superstizioni credesse e quale destino abbia avuto lo racconta la storia. Enrico VIII, re d'Inghilterra, al quale Ludovico Vives ha dedicato dei commentari al libro di Sant'Agostino *De Civitate Dei*, era cultore delle lettere e scrisse un libro contro Lutero che gli valse il titolo di difensore della fede cattolica; ma, in seguito, tutti sanno in quali errori sia incorso quel re scrittore ed anche egli se ne rese conto, stando a quanto dicono gli autori, se, morendo, confessò di aver tutto perduto. Giacomo I Stuart, re di Gran Bretagna, era troppo occupato a leggere libri riguardanti la liturgia ed a studiare la teologia; gli stessi inglesi, con disprezzo, lo chiamavano re teologo. Egli pensava di eccellere in quelle materie e promosse una controversia con il cardinale Bellarmino con degli scritti che egli aveva fatto pubblicare e che si distinguevano per asprezza e per insulti; a questi Bellarmino rispose con precisione, in maniera non meno dotta che cortese e riverente della persona reale, di un principe porporato, in precedenza allevato nella scuola religiosissima dei padri della Compagnia di Gesù. Antonino Pio si era guadagnato l'appellativo di filosofo ma non meritò il titolo di principe magnanimo, infatti non aveva partecipato a nessuna spedizione militare e si era dimostrato troppo tenero nel punire i criminali e nel sopportare la pubblica impudicizia di Faustina. I principi che, più di quanto dovrebbero, si dedicano alle lettere non raramente hanno cattiva fama presso i loro sudditi, come se fossero più idonei alla vita dei conventi che a quella militare. Romolo, figlio dei suoi tempi duri, che a mala pena sapeva dividere l'anno in dieci mesi, è stato lodato da Ovidio con i seguenti versi:

> Tu, o Romolo, conoscesti più le armi che gli astri,
> e la tua maggiore preoccupazione era sconfiggere
> e sottomettere i popoli confinanti.

Se i principi intendono perseguire la polimatia e l'erudizione in ogni branca della scienza, sarà molto facile per loro, con poca fatica, con onore e, quello che più conta, senza mettere a repentaglio la propria salute, mantenere poeti, oratori, filosofi, matematici e teologi ed ascoltare dalla loro voce, in qualsiasi ora, a pranzo o a cena, discettazioni sui diversi argomenti, così da apprendere da quelli ciò che di solito si apprende con lo studio, nelle notti passate insonni, da maestri muti, vale a dire dai libri.

Francesco I, re di Francia e grande fautore delle lettere osservava proprio questa abitudine, che, come riferisce La Bruyère nella sua premessa al libro *De re Cibaria*, aveva al suo fianco, mentre cenava e pranzava, i più insigni studiosi in ogni campo del sapere. I massimi pontefici Leone X e Clemente VII, entrambi di casa Medici, avevano la stessa abitudine e, veri discendenti della stirpe di Mecenate, come per diritto, manifestavano l'inclinazione a favorire e mantenere, in qualsiasi epoca, gli uomini più illustri delle varie discipline. Si osserva lo stesso comportamento nella nobilissima famiglia dei principi di Este che solevano avere piena la corte di dottissimi uomini, cosa questa che ha permesso a scrittori e poeti celebri, quali Ariosto e Tasso, di trasmettere ai posteri le loro imprese.

I principi potranno dunque, con facilità, acquisire nozioni, anche su argomenti difficili, di filosofia, di matematica, di scienze sperimentali e di qualsiasi altra disciplina, ascoltando il discorrere di eruditi o lontano dai pasti, oppure in quei momenti nei quali Domiziano ingannava il tempo trafiggendo le mosche con una lancetta, così, senza torturare la propria mente ed in assenza di rischi per la salute, "fruendo dell'altrui follia", come soleva dire Plinio di coloro che non volevano costruire case nuove, ma pretendevano di acquistarle a poco prezzo, magnifiche e costruite da altri a caro prezzo. È impressionante vedere quanto si struggano e fatichino filosofi, matematici e ricercatori di scienze naturali per arrivare ad una qualche soluzione dei problemi, quante notti passino insonni e, talvolta, senza ottenere alcun risultato. Dionisio di Siracusa, una volta, aveva promesso in voto a Giove una corona d'oro; dette un lingotto d'oro fino all'orefice perché creasse quella corona, questi si appropriò di una parte di oro sostituendola con argento; Dionisio si accorse del dolo commesso dall'artigiano, ma essendo la corona di ottima fattura e pensando che il grande dio Giove la avrebbe comunque accettata di buon grado, decise di non distruggerla e di non rifonderla, ma di farne fare un'altra di oro puro. A quel punto Dionisio desiderava conoscere la quantità di argento che era entrata a far parte della lega; fatto chiamare Archimede, gli chiese di far ricorso a tutto il suo ingegno per scoprire quanto metallo si trovasse nella corona in sostituzione dell'oro trattenuto; ascoltato il quesito, Archimede, attonito e sorpreso, si allontanò arrovellandosi perché pensava che non fosse possibile rispondere individuando quella proporzione. Mentre era ai bagni, finalmente, gli venne un'idea geniale e risolutrice; uscendo dall'acqua e ragionando per deduzione, decise che poteva far ricorso ad un criterio di ordine meccanico per scoprire quanto argento ci fosse nella lega e quindi, conosciuta la proporzione, risalire alla quantità in peso dell'oro tenendo conto dell'equivalente peso dell'argento; così, con suo grande merito, riuscì a soddisfare Dionisio. Q. Remmio Fannio, in maniera efficace, ha messo in versi questa scoperta di Archimede. Tanto poco costa ai principi l'erudizione, tanto cara invece risulta ai comuni mortali che ad essa si dedicano.

I principi inoltre, con poca fatica, potrebbero cogliere un buon risultato se, oltre a quella latina, apprendessero le lingue che sono in uso in Europa; cosa questa facilmente realizzabile, anzi piacevole, avendo la possibilità di parlare, nel tempo libero dalle occupazioni, per qualche ora quotidianamente, con persone esperte e di buona educazione. Mitridate, re del Ponto e di Bitinia, nella sua epoca, era molto apprezzato perché come riferisce Aulo Gellio, aveva tra i suoi sudditi ventidue gruppi etnici con diverso idioma ed egli parlava ai maggiorenti di quelle genti senza dover chiamare interpreti. Su questo argomento mi piace riportare una storia curiosa e degna di essere ricordata che si può leggere nel capitolo I, libro II dei *Sermoni vari* scritti in italiano da Lorenzo Cappellonio; quando Carlo V si trovava a Bologna per essere incoronato imperatore dal pontefice Clemente VII, Francesco Sforza duca di Milano, che era stato accusato di alto tradimento nei confronti dell'imperatore e di cospirare segretamente con il re di Francia, ottenuto dall'imperatore, per l'appoggio avuto dai delegati veneti, un certificato o, come viene chiamato, salvacondotto, si recò a Bologna per giustificarsi delle accuse mossegli. Avendo avuto la possibilità di giungere al cospetto dell'imperatore, resi gli onori del caso, estrasse il salvacondotto e glielo restituì dicendo che trovandosi egli al suo cospetto non ne aveva più bisogno; infatti, era ricorso a quell'ausilio, non dubitando dell'equità dell'imperatore o della propria innocenza, ma perché doveva difendersi dai ministri di lui che gli erano ostili. In seguito si mise ad illustrare dati e testimonianze della sua fede e devozione nei confronti del Sacro Romano Impero. Lo Sforza parlava italiano e lo spagnolo Antonio de Leva, che era presente, non cessava di contraddirlo nella sua lingua, egli interrotto così tante volte, ritrovava a stento il filo del discorso; colto l'intento del ministro spagnolo, egli continuò a parlare, ma in tedesco, lingua che quello non conosceva; ebbe così tutto il modo di esporre tutte le sue giustificazioni, senza tuttavia poter impedire che de Leva, tacitato, si abbandonasse a segni evidenti di indignazione. Alla fine, Francesco Sforza convinse il generoso imperatore della sua innocenza e ricevette da lui riconoscimenti per la grande prudenza e la sagacità dimostrate. Fu confermato duca di Milano, a dispetto delle rimostranze di Antonio de Leva che, ad un certo punto, disse a voce alta che il ducato di Milano era considerato più importante di tutta la Spagna.

CAPITOLO UNDICESIMO

LE REGOLE PER CONSERVARE LA SALUTE NELL'ETÀ SENILE

Senza dubbio, è un sano precetto quello di conservare la salute, con la massima diligenza possibile ed in ogni periodo della vita, segno che permette di distinguere le persone felici dai miseri; continuare ad applicare tale precetto anche nell'età senile è cosa ancora più salutare. Nell'età giovanile ed anche in quella virile gli stimoli che provengono dall'esterno sono facilmente contrastati, non così è per gli anziani, ai quali succede come ai vecchi faggi che si abbattono, con grande facilità, al minimo soffio di vento. Chiunque abbia la fortuna di accedere all'età senile, giustamente si preoccupa di avere maggior cura che in passato della propria salute; allo stesso modo, il principe che diviene anziano, deve mettere in atto un maggiore numero di attenzioni, e deve imprimere un diverso significato alla vita, per poterla abbandonare, un giorno, con grande serenità. La senilità che è strettamente unita alla maturità dell'ingegno, se si accompagna anche alla salute, merita di essere denominata vero frutto della vita.

In primo luogo dovrà essere adottata una dieta adeguata al sostentamento e non allo spegnimento della fiaccola della vita. Dal momento che la vecchiaia è il controaltare dell'infanzia, è necessario trascorrerla adottando criteri del tutto speciali; nel corso dell'infanzia, quando il calore naturale e la forza sono molto vivaci, irresistibili, è necessario aumentare gradualmente l'alimentazione; nella vecchiaia, essendo il fuoco vitale più languido ed il fermento dello stomaco indebolito, è necessario limitare il nutrimento; in realtà ciò è vero per la prima parte della vecchiaia, in quella più avanzata infatti, come dice Galeno in *Com. Aph. 13. 1. Sec.*, gli uomini

> patiscono la stessa cosa che capita alle lucerne che stanno per spegnersi, le quali abbisognano della continua aggiunta di olio, ma non possono accoglierne molto né essere colmate.

Devono essere assunti alimenti leggeri ed in piccole quantità; è opportuno che il principe abbandoni l'abitudine di consumare molte varietà di cibi ed i condimenti che fanno sempre bella presenza sulla sua tavola; gli alimenti debbono essere nutrienti, di facile digestione ed eliminazione; debbono essere consigliate le carni che, come detto in precedenza, sono più leggere a parità di peso, come è quella di montone, di pollo e di altri volatili. Stante la varietà dei temperamenti ed il diverso grado di senescenza, non può essere determinata una quantità fissa di alimenti; si può dire che è stato assunto cibo a sufficienza quando non si manifesta distensione e pesantezza di stomaco, se si prende facilmente sonno e se è buono lo stato di nutrizione. Ippocrate ha scritto che i vecchi sopportano bene il digiuno e qualcuno ha pensato bene di diffondere, per la prima parte della vecchiaia, la teoria della monositia, cioè quella di un unico pasto; ma è meglio mangiare due volte al giorno che una, proprio per non appesantire lo stomaco in una unica volta; lo stesso Ippocrate ha scritto che invecchiano più velocemente coloro che mangiano una sola volta. Succede spesso che nelle grandi cucine ci siano numerosi cuochi che lavorano bagnati di sudore per rendere ricca la tavola, ma i vari cibi possono risultare alle volte cucinati e preparati in maniera insoddisfaciente, per un difetto di cottura, a causa del fuoco o eccessivamente alto o troppo basso; al principe divenuto anziano sarà utile disporre di un suo proprio cuoco al quale non incombe nessun altro compito che quello di preparare i cibi per il suo signore con somma pazienza ed attenzione, e non solo quelli che egli preferisce e che soddisfano il suo palato, ma anche i piatti che, secondo la sua esperienza e la sua conoscenza, fanno bene alla sua salute. Opportunamente, su questo argomento Marziale dice:

Non basta che il cuoco conosca l'arte di soddisfare il palato:
deve avere lo stomaco del proprio padrone.

Tra i molti inconvenienti che la vecchiaia porta con sé, l'alvo stiptico è di non esigua molestia proprio nell'età senile; risulta più frequente tra i principi quando incominciano ad invecchiare in ragione di una vita meno attiva rispetto a quella condotta da tutti gli altri uomini; niente aiuta di più l'alvo, favorendo delle evacuazioni quotidiane ed efficaci, quanto l'attività fisica. Si comprende perché questo noioso inconveniente sia appannaggio degli anziani e non dei ragazzi e dei giovani, i quali ultimi presentano generalmente un alvo regolare: con l'avanzare dell'età i vari organi ed apparati subiscono un processo di involuzione, le stesse membrane assumono una maggiore rigidità diventando come delle cartilagini, con conseguente riduzione della contrazione e della retrazione, meccanismi questi che sono alla base della evacuazione. Affinché l'alvo ritorni nella norma bisogna ricorrere ad alimenti idonei i quali agiscono proprio come dei farmaci e dei quali si è già parlato, perché, come dice Ippocrate: "È giusto ricercare negli alimenti la medicina"; infatti, l'assunzione inveterata di farmaci induce nell'organismo una sorta di dipendenza e quindi, col passare del tempo, una stipsi ostinata. Bisogna dunque procurare di mantenere l'alvo meno stiptico senza che a tale intervento consegua un effetto diarroico eccessivo, infatti tra i due estremi è preferibile, specie nella vecchiaia, un alvo stiptico a quello diarroico. Martin Lister, nei suoi commentari alla *Statica* di Santorio, riferisce di aver conosciuto una persona, che poi era un suo grande amico, di 86 anni, sano e buon mangiatore, che da molti anni evacuava una sola volta per settimana e, in alcuni periodi, una volta ogni due settimane. Il bere vino dolce e chiarificato, prodotto da ottime uve mature, favorisce una vita sana e longeva. Come per i giovani è indicato un vino leggero e diluito, così, per gli anziani, il vino da bere deve essere più schietto, specie d'inverno. È opportuno che i principi abbandonino l'uso del ghiaccio che, d'estate, non manca mai sulle loro tavole; in concomitanza del grande caldo sarà sufficiente ricorrere al vino mescolato con acqua fredda, ma non eccessivamente; nella stagione invernale il vino, se non riscaldato al fuoco, bisogna almeno che abbia stazionato in luogo tiepido. Non è ragionevole pensare che delle bevande fredde si addicano a chi presenta nel suo organismo delle forze esauste che illanguidiscono e si raffreddano. Il freddo, come dice il filosofo, non rientra tra le opere della natura, o vi rientra solo accidentalmente, solo per temperare l'eccesso di calore. Anche i giovani che sorseggiano bevande bollenti di cioccolato, caffè e thè hanno capito che queste risultano più adatte all'età senile.

Non meno necessaria degli stessi alimenti è l'attività fisica quotidiana, essa risulta indispensabile per i principi di età avanzata più che per i giovani, proprio per poter mantenere la traspirazione dell'organismo che è funzione di vitale importanza; in gioventù il calore più intenso, i tessuti più elastici consentono una buona respirazione, invece nell'anziano la concomitante disidratazione e la secchezza della cute la rendono più difficile. Nessuna cosa più dell'attività fisica promuove un'abbondante traspirazione; in questa occasione il volto si congestiona, le vene diventano turgide, la pelle si riscalda e, se l'attività diventa ancora più intensa, la sudorazione diventa profusa. Bisognerà che il principe, per stare bene, faccia attività fisica di lieve entità, meglio al coperto che all'aria aperta se la stagione è fredda, difendendosi per quanto è possibile dai venti del nord che costringono i pori cutanei. Oltre che con l'attività fisica si può ottenere una più facile traspirazione ricorrendo a delle blande frizioni con olio di mandorle dolci, le fibre della cute si rilassano quando sono troppo contratte, situazione quest'ultima che porta all'ostruzione dei dotti ghiandolari. Un proverbio molto comune recita, "mangia miele e ungiti con olio"; con questi mezzi, si dice, Democrito si era assicurato la longevità. Se è vero che niente è più da temere, nell'età avanzata, che la secchezza ed il raggrinzimento della cute, si comprenderà come delle blande frizioni favoriranno il mantenimento della traspirazione, così necessaria che, non appena essa si riduce, aumentano la secrezione bronchiale e quella di altri organi. Per la stessa ragione saranno da indossare delle vesti idonee a proteggere il corpo dagli insulti dell'aria, ponendo particolare attenzione al capo nel caso che si siano perduti i capelli.

È invalso l'uso, ai nostri tempi, delle parrucche, e per tale motivo è dato vedere pochi vecchi in giro; né si trova un solo principe di età avanzata che non nasconda la propria calvizie con altrui capelli e che non ostenti una sembianza giovanile grazie anche alla frequente rasatura della barba. Le parrucche, di per sé, non sono da condannare, perché esse, in primo luogo riscaldano, soprattutto nell'inverno che è così pericoloso per gli anziani, poi apportano un effetto psicologico positivo nascondendo ai principi che si guardano allo specchio i cambiamenti che intervengono con gli anni. Nei tempi passati, quando ancora non c'era l'abitudine di nasconderla, la calvizie veniva sopportata di malanimo, per il timore di venire irrisi. Giulio Cesare si vergognava a tal punto della calvizie che, quando cominciò a manifestarsi, fece di tutto per occultarla riportando i capelli dalla sommità della testa sulla fronte ed accolse come il più grande privilegio quello, concesso dal Senato, di portare sempre una corona di alloro. Vale la pena di osservare come tutti gli imperatori di Svetonio fossero portatori di calvizie, così Augusto, Tiberio, Caligola, Ottone, Domiziano; quest'ultimo, per la sua ferocia era soprannominato con disprezzo Nerone il Calvo e da ciò il verso di Ausonio,

Proprio la sua Roma lo nominò Nerone il Calvo.

Quello andava su tutte le furie solo a sentire pronunciare la parola calvizie e chiunque, al suo cospetto, per gioco o per ingiuria, faceva cenno alla sua condizione di calvo, veniva perseguito per aver commesso un crimine. Anche tra gli Ebrei, stando alle Sacre Scritture, la calvizie era vista come qualcosa di infamante, per questo motivo, i bambini schernivano il profeta Eliseo gridando "vai via calvo, vai via calvo", (4. *Reg.* Cap. II), ed egli, fuori si sé, li malediceva e minacciava che, presto, quarantadue di loro sarebbero stati miseramente sbranati. In ogni luogo ed in tutti i tempi la calvizie è stata vista come una menomazione, così che non c'è stato nessuno che non si sia preoccupato di nasconderla, come opportunamente dice Ovidio:

È brutto il bestiame privato delle corna,
è brutto il campo spoglio e l'albero privo di fronde:
è brutto anche l'uomo privo di capelli.

Gli anni che passano privano le teste degli anziani della protezione ed insieme dell'ornamento offerto dai capelli; l'arte di imitare la natura si è preoccupata di esser d'aiuto all'età senile mettendo a disposizione delle parrucche molto eleganti che, oltre che un servizio, procurano rispettabilità. Non c'è dubbio che una finta capigliatura è di buon effetto estetico, ma anche molto salutare; capita spesso di vedere dei medici molto in là con gli anni e, come si suole dire, con un piede nella fossa, autovalorizzarsi non più, come in passato, con la testa nuda ed una lunga barba, ma comparendo in pubblico ben rasati e provvisti di chioma per visitare gli ammalati e per tenere delle dissertazioni nei luoghi di riunione. Anche coloro i quali soffrono di alcuni disturbi, come mal di testa ed infiammazione degli occhi, cosa abbastanza frequente, non dovrebbero mancare di indossare la parrucca. L'abitudine odierna di indossare tali parrucche è stata introdotta dall'imperatore Carlo V quando giunse in Italia per essere incoronato a Bologna dal Sommo Pontefice Clemente VII; essendo afflitto da un grave mal di testa ordinò che gli venisse tagliata la chioma che egli aveva piuttosto bella, i maggiorenti, per ridicola cortigianeria, lo imitarono, per mostrarsi tutti simili al loro imperatore, sottoponendosi a tosatura e rinunciando quindi alla chioma coltivata con tanta cura.

Sarà bene che il principe in avanti con gli anni faccia in modo che a corte viga l'abitudine di ritirarsi per il riposo prima della mezzanotte, evitando di svegliarsi tardi, cioè di salutare il sole "quando minima è l'ombra", cenando di buon'ora, senza svolgere dopo attività che richiedono attenzione ed impegno, seguendo l'abitudine di Augusto che dopo cena non leggeva, né scriveva, proprio per potersi abbandonare al sonno, libero, per quanto possibile, da preoccupazioni, cosa questa di grande importanza per le persone anziane affinché, anche a quella età, si abbia una buona digestione e si rinfranchi la mente e si nutra il corpo col sonno e con il riposo; si preoccupi il principe di dormire, specie nella stagione invernale, in una stanza esposta a mezzogiorno, in maniera da essere esposto ai raggi vitali del sole. Faccia in modo di sbrigare le incombenze più pressanti durante il giorno e di ascoltare, con il minore coinvolgimento possibile, le suppliche, infatti non è per i principi impegno da poco, e suole essere anche tedioso, quello di dovere ricevere quotidianamente qualsiasi persona e di licenziarla con parole indulgenti; è pensabile che questo esercizio, alla fine, non possa non essere faticoso. È utile e degno di essere ricordato ciò che riferisce Sidonio Apollinare a proposito di Teodorico, re dei Goti,

ascolta molto e parla poco.

Anche Augusto, per non affaticarsi parlando, aveva assunto l'abitudine di ricorrere a cenni quando doveva ordinare qualcosa ai servi e, come testimonia Svetonio, dialogava con sua moglie Livia inviandole dei biglietti. Alla difesa dello stato di salute possono risultare giovevoli dei piaceri, ma solo quelli che più convengono alla grave età del principe, come presenziare agli eventi delle pubbliche accademie dei letterati, alle discettazioni filosofiche, alle opere teatrali, ai giochi popolari ed anche alle danze corali, godendosi lo spettacolo offerto dai giovani dei due sessi che ballano in maniera artistica. Alcuni, inoltre, raccomandano agli anziani la frequentazione e la conversazione con dei giovani, in modo che quella sorta di sottile associazione di spiriti svolga una funzione rassicurante per gli anziani. È stato osservato che i vecchi che sono allietati dalla frequentazione di giovani, vivono più a lungo; ciò è stato riportato nel caso di Pitagora, Isocrate, Gorgia e dei maestri della Retorica che avevano quali uditori nella loro scuola dei giovani discepoli, e divennero centenari. Infine, è opportuno avvertire con chiarezza i principi che, se veramente desiderano avere una buona salute nella loro vecchiaia, occorre che, da giovani, trascorrano una vita sobria, perché

l'intemperanza giovanile è un terribile nemico della vecchiaia.

Capitolo Dodicesimo
L'ECCESSIVA OBESITÀ E CORPULENZA DEI PRINCIPI NON RISULTA MENO PERNICIOSA CHE INDECOROSA

Se è sempre vero quello che si dice abitualmente, che ogni cosa ha dei limiti ben precisi e che il bene ed il giusto non si possono collocare al di là ed al di qua di essi, ciò risulta particolarmente vero nello studio della salute; quando infatti la salute supera il limite, se è possibile parlare in tal modo, e cioè, se raggiunge ed oltrepassa il sommo apice della bontà, si realizza una grande condizione di pericolo che assume un carattere sempre più ingravescente sino a precipitare rovinosamente; tale tipo di osservazione veniva fatta di frequente nei tempi passati, quando era in auge lo studio della ginnastica, con indagini condotte direttamente sull'organismo degli atleti, a questi Ippocrate dedicò la terza sezione dei suoi *Aforismi*; non raramente, ai nostri giorni, osserviamo come questi atleti raggiungono una smodata corpulenza e come siano interessati da morte improvvisa. La stessa sorte accomuna questi soggetti che raggiungono dimensioni eccezionali, quella di dover sopportare il proprio peso e di soccombere sotto di esso, proprio come è stato scritto a proposito dell'Impero Romano, "i grandi cadono, i grassi scoppiano". Risulta essere più a rischio per tale tipo di evento chi manifesta una eccessiva corpulenza, con eccessi nelle due dimensioni, latitudine e profondità, quando ad esse si accompagna una debita altezza. Tra i soggetti sani, questo difetto lo si osserva in coloro che sono di temperamento sanguigno, raramente invece in coloro con temperamento melanconico e bilioso; l'eccessiva corpulenza e l'obesità sono da considerare più che una positiva conformazione del corpo, dei frutti guasti, prodotti da un regime di vita sregolato. Come si è detto prima raggiungono una eccessiva corpulenza quelli con temperamento sanguigno, dai medici considerato il più comune, rispetto ai restanti altri che appaiono immuni; in quelli con temperamento melanconico e bilioso l'estensione delle vene è grande, in quelli con temperamento sanguigno il succo nutritivo è ricco di zuccheri e lipidi e si deposita più facilmente sulle membrane e nei tessuti, cosa questa che non avviene in quelli con temperamento bilioso e melanconico; in questi il sangue è ricco di bile e contiene inoltre particelle acri ed amare che non rilasciano facilmente elementi nutritivi ed anzi dissolvono e riducono il grasso. Un fenomeno analogo si produce con l'atrabile in quelli con temperamento melanconico, nei quali è presente un'ampia estensione delle vene, tipica delle corporature gracili. C'è un passo di Ippocrate, nel libro VI, capitolo III, *Delle Epidemie*, dove definisce i gracili venosi, iracondi ed epiflebici; anche Galeno nel commento agli *Aforismi*, (44, sezione seconda, ed in 6.4.) associa l'estensione delle vene alla gracilità e, al contrario, l'angustia delle vene alla corpulenza.

Coloro dunque che sono portatori di questo tipo di temperamento, che lo abbiano dalla nascita oppure sia stato acquisito, sono predisposti maggiormente, più di altri individui, ad una eccessiva corpulenza. Non intendo affermare che, ricorrendo alcune condizioni quali il cambio dell'alimentazione, l'età e l'ambiente dove si vive, possa accadere di passare dalla magrezza alla corpulenza; è accertato che, talora, alcuni giovani assai gracili, avanzando nell'età, abbandonando il lavoro per l'ozio, indulgendo ad un vitto più sostanzioso, sono diventati obesi, alla stregua di quanto è possibile osservare nel caso degli animali, prima gracili ed emaciati, che poi ingrassano: così succede ai bovini costretti nelle stalle ed ai volatili allevati in cattività. Per quanto attiene la genesi della eccessiva corpulenza e della obesità ne hanno trattato oltre che Ippocrate, Avicenna e Galeno, degli altri in seguito e quindi, negli anni più recenti, altri ancora diffusamente; tra questi ultimi Ertmuller nelle sue *Dissertazioni* ha discusso complessivamente ed in modo esauriente la formazione della adiposità e della eccessiva corpulenza; su questa materia dunque è noto tutto ciò che si può desiderare di conoscere, sia in relazione al genere ed alle cause, sia in relazione ai rimedi capaci di eliminare una eccessiva corpulenza.

I principi, più di altri uomini, sono maggiormente soggetti alla eccessiva corpulenza ed all'obesità sia a causa dell'uso quotidiano di cibi ben nutrienti, sia a causa della scarsa attività fisica svolta e della vita trascorsa tra l'ozio e le delizie della corte; ciò è particolarmente vero nel caso che il principe sia dotato di temperamento sanguigno con, come si suole dire, sottodominio della pituita e di stomaco forte e robusto; a tutto questo può associarsi, come aggravante, una predisposizione ereditaria. In alcune famiglie di principi infatti tale diatesi ed inclinazione alla obesità la si vede trasmessa nei discendenti attraverso principi seminali. La cautela del principe in questo campo si impone; anche se, essendo robusto, sente di star bene e di essere vigoroso e si compiace nel vedersi di bell'aspetto e colorito, bisogna che diffidi di tutti questi suoi attributi, come dice Celso, è infatti facile che si instauri una replezione dei vasi e quindi l'obesità che, accrescendosi col tempo, pervade i tessuti e le membrane di materia grassa e gelatinosa della quale è saturata tutta la massa sanguigna. Parimenti occorre che sia cauto il medico; infatti nelle sue visite quotidiane al principe spesso non si rende conto che la sua mole si accresce sino al momento in cui il fenomeno è molto evidente, a quel punto non è facile ricorrere a rimedi efficaci. Quando la predisposizione ha carattere ereditario e si manifestano gli indizi dell'incipiente ingrassamento, cosa che può essere stabilita, come ha dimostrato Santorio nella sua *Statica*, valutando la variazione del peso corporeo, il medico deve informare il suo principe di quella predisposizione intervenuta subdolamente ed avvertirlo degli inconvenienti e dei pericoli che si accompagnano all'eccessiva corpulenza e come sia difficile combatterla una volta che sia sopraggiunta. Il medico potrà illustrare degli esempi riguardanti preferibilmente molti principi e uomini nobili, infatti è molto raro e strano ritrovare una pari corpulenza tra la gente di campagna e gli artigiani se non, forse, in qualcuno che svolge il proprio lavoro seduto, come il calzolaio ed altri. L'eccessiva corpulenza trasforma uomini piacevoli in persone deformi e sgradevoli; la stessa cosa capita alle donne splendide ed eleganti, quando diventano eccessivamente corpulente: perdono gran parte della loro bellezza e piacciono di meno agli uomini, specialmente se la pinguedine prevale sulle parti carnose. Su questo argomento Marziale nel libro XI ha scritto in maniera efficace:

> O Flacco, non mi piace un'amante magrissima, le cui braccia possono stare dentro i miei anelli, ma non voglio neppure un'amante di mille libbre. Mi piace la carne, non il grasso! .

Esistono tuttavia dei popoli che preferiscono avere donne molto grasse con seni abbondanti, come riferisce Alpino nel libro sulla *Medicina degli Egizi*; in quel paese è molto in auge la moda di farle ingrassare con bagni e frizioni, è per questo motivo che si incontrano tante donne molto grasse che procurano nausea agli europei. Non lievi sono i pericoli che spesso derivano da una eccessiva corpulenza ed obesità, tra questi c'è la morte improvvisa; questa sopravviene perché il calore naturale viene spento dall'eccessiva abbondanza degli umori e dalla angustia delle vene che arresta improvvisamente il moto circolare del sangue che è alla base della vita. È per questo motivo che gli obesi non vivono a lungo; è noto quanto scrive Ippocrate nella sezione settima degli *Aforismi*,

> coloro che sono grassi, muoiono più precocemente
> di coloro che sono magri.

Gli antichi pensavano che gli atleti che raggiungevano il sommo grado di salute morissero di morte improvvisa poiché erano impossibilitati a superare quel livello e sarebbe stato necessario discostarsene, ma in peggio; la ragione vera è un'altra, le arterie sono impossibilitate a far circolare il sangue che trasportano, poiché tutti gli spazi sono pieni di tessuti e grasso che, comprimendo le radici e le estremità delle vene, in modo che non si realizza la chiarificazione del sangue ed il nuovo succo nutritivo, proveniente dagli alimenti, finisce per occludere i ventricoli cardiaci impedendo la loro contrazione, si instaurano lipotimia e sincope a cui fa seguito morte repentina. I soggetti molto corpulenti sono, d'abitudine, portatori di dispnea ingravescente e sono impossibilitati a svolgere qualsiasi tipo di moto per il fatto che gli spiriti animali non riescono a far contrarre le fibre muscolari; i nervi, compressi e sepolti nell'abbondante adipe, sono come addormentati, torpidi e meno pronti a svolgere le funzioni animali, e poco adatti al raziocinio, alla prudenza ed a prendere delle decisioni; e se tali fenomeni si manifestano in un principe, di quanto si riduce il rispetto dei suoi sudditi? "Una luce secca rende l'anima molto saggia", diceva Eraclito, tale è il sangue, tali sono gli spiriti che rappresentano la luce dell'anima. Il sangue in questi soggetti è saturato di particelle di grasso e gli spiriti che da questo originano non possono essere luminosi ed eterei. Si deve aggiungere che gli uomini obesi sono generalmente infecondi, come affermato soprattutto da Plutarco in *Quaest. Con.* 2, poiché a causa della loro mole corporea risultano poco adatti a svolgere le pratiche sessuali ed inoltre la loro forza di generare è raffreddata e ridotta; al contrario dei soggetti magri che dispongono di maggiori quantità di sali e manifestano perciò più vivacità e fecondità. Le donne obese non possono concepire perché, come ha scritto Ippocrate nella quinta sezione degli *Aforismi*, in quelle l'omento comprime la bocca dell'utero; ma una normale autopsia consente di osservare che l'omento raramente discende al di sotto dell'ombelico, pertanto la sterilità deve avere un'origine diversa, come, ad esempio, le grandi quantità di grasso che, aderendo alle membrane dell'utero, risultano di impedimento al seme maschile nel penetrare nell'ovaio per fecondarlo. Come l'obesità rende sterili le donne, così l'eccessiva pinguedine e l'obesità fanno gli uomini infecondi. I principi non possono pensare di non avere dei figli e dei discendenti ai quali trasmettere il governo dello stato, d'altra parte, niente affligge di più i sudditi, quanto vedere il proprio principe privato di questa opportunità; quelli infatti conoscono bene i problemi che derivano dal passaggio del principato nelle mani di eredi indiretti, specialmente se stranieri; non mancano peraltro quelli che sono spinti dalla speranza di una migliore fortuna sotto un nuovo principe, di essi è piena la storia.

L'obesità rende il principe inviso ed odiato dai suoi sudditi e quando egli si mostra pubblicamente essi non mancano di ridere di lui, anche se segretamente, e lo insultano; il popolo infatti è solito cogliere i vizi del corpo, non meno di quelli dell'animo ed è per tale motivo che ha l'abitudine di assegnare dei soprannomi e di riderne con detti mordaci, così è capitato a Caligola, a Germanico per la gracilità delle gambe, a Giulio Cesare, ad Augusto per la calvizie. Il popolo è portato a gioire ed essere contento del principe magnanimo, piacevole a vedersi e di aspetto decoroso,

più gradito è il valore in un bel corpo,

al contrario, disprezza con ignavia le deformità. Si racconta che Santo, re di Spagna, denominato abitualmente "il grasso" per la sua obesità, avesse in animo di abdicare perché sapeva di essere inviso al popolo per questa sua deformazione; si recò dal re di Navarra per essere curato dal medico di questi, soddisfatto nel suo intento, ritornò nella sua terra e fu accolto con grande letizia e plauso. Sono difficili da curare tutti i casi di obesità e di eccessiva corpulenza, quella dei principi è ancora più difficile; di questa affezione si può dire quello che Celso ha scritto a proposito della idropisia, che è più semplice da trattare nei servi che negli uomini liberi, "per i quali la libertà è di per sé un rischio"; se dunque esiste una qualche cura per l'obesità è difficile che essa risulti efficace nei principi, il troppo potere dei quali è, in questo caso, controproducente; questa malattia richiede fame, sete, grande pazienza e tante altre sofferenze, cose tutte queste che non possono essere facilmente soddisfatte dai principi. È bene dunque che il principe non incorra in questa condizione e che questa affezione, così perniciosa ed indecorosa, sia prevenuta; il medico deve essere sollecito e deve intervenire precocemente prima del manifestarsi della malattia. Gli stessi rimedi che sono adottati nella cura saranno anche utilizzati per la prevenzione. Dovrà essere osservata una dieta adeguata, principalmente senza eccessi nelle cose non naturali. Parallelamente, ed in egual misura alla riduzione della dieta abituale, si procederà all'incremento dell'attività fisica, con un rapporto tale che veda quest'ultima sempre in vantaggio, perché si possa evitare in tal modo un ulteriore accumulo di grasso. L'attività fisica sarà quella stessa ricordata prima, ad esempio, equitazione, deambulazione, caccia, gioco della palla ed altre dello stesso genere; sono inoltre indicate, con finalità estenuante, le frizioni, ma quelle energiche e asciutte; le frizioni non producono un unico effetto, Ippocrate in *Lib. de Chirurg. Off.*, scrive, "la frizione energica fa dimagrire, quella moderata fa ingrassare"; sullo stesso argomento Celso, nel libro II *Sulla Medicina*, dice, "la frizione, quando è energica, rassoda il corpo, se è blanda lo ammorbidisce, se prolungata fa dimagrire, se modica fa ingrassare". Gli alimenti dovranno essere assunti in quantità molto ridotta e possedere non solo caratteristiche di leggerezza, ma anche capacità estenuante; bisogna evitare i cibi grassi ed oleosi, in altre parole quelli nutrienti che fanno aumentare di molto la massa sanguigna, mentre bisognerà ricorrere a quelli acri e salati che consumano e sciolgono il grasso. Alcune testimonianze riportano che molti soggetti, divenuti obesi, si sono liberati del loro fardello ricorrendo all'uso del solo aceto, risultando alla fine macilenti, un esempio è offerto da Famiano Strada e riguarda Chiappino Vitellio. È possibile vedere individui che manipolano degli acidi oppure che abbondano di acido, quali sono gli ipocondriaci ed gli scorbutici, essi sono macilenti. Sarà utile sottrarre del tempo al sonno a favore della veglia, a questo fine sarà bene ricorrere all'uso del decotto di thè che è essiccativo e sembra efficace nell'indurre la veglia; col sonno infatti il corpo ingrassa, soprattutto d'inverno, con la veglia invece dimagrisce, di più nell'estate. In primavera e d'inverno potranno essere assunti dei purganti al fine di mantenere, per quanto possibile, l'addome più libero. Non sarà male, di tanto in tanto, provocare anche il vomito per allontanare dall'addome i succhi linfatici che vi si sono accumulati. Ippocrate nel *De Salubri diaeta* a proposito della cura degli obesi scrive:

> Coloro che sono grassi e pingui, vomitino a digiuno, dopo una corsa o dopo aver camminato, verso mezzogiorno; prenda mezza emina di issopo polverizzato in un congio di acqua, e beva dopo averlo innaffiato con aceto e aggiungendo del sale per renderlo più gradevole. Beva a piccoli sorsi e molto lentamente il primo bicchiere, poi di più e rapidamente.

È vero che le cose amare, salate, acri, sono atte ad invertire una crasi sanguigna dolce; in particolare le cose acide, che per loro natura riducono l'appetito, rendono i succhi non idonei ad apporsi ai tessuti ed alle membrane; l'esperienza ci dice che le carni dei polli e di altri animali macerate in aceto esprimono un potere nutritivo esiguo. Alcuni consigliano di assumere un unico pasto durante la giornata; consiglio questo condannato da Ippocrate perché, egli dice, conduce più rapidamente alla vecchiaia. Io stesso, una volta, ho avuto modo di osservare un nobile uomo che, per combattere la sua eccessiva obesità, mangiava, molto poco, una sola volta al giorno; in breve tempo sopraggiunse una profonda astenia accompagnata da dispnea, dopo pochi anni sopraggiunse la morte. In quanto al bere è da raccomandare il vino leggero, mentre sono da evitare i vini generosi e dolci; più utili risultano quelli aciduli e diuretici.

CAPITOLO TREDICESIMO
LA MANIERA DI PREVENIRE ALCUNE MALATTIE ALLE QUALI, PIÙ DI ALTRI, SONO SOGGETTI I PRINCIPI

Come le età, i temperamenti, le stagioni ed i luoghi sono associati a particolari malattie, così succede anche per la condizione di vita, sia nel caso che essa rappresenti il frutto della fortuna, sia nel caso che essa sia stata assunta per necessità; ciascuno è colpito dalle proprie malattie, come si osserva in quelli che esercitano un determinato lavoro; di questa materia io stesso ho scritto nel *Trattato delle malattie dei Lavoratori*. La gotta, la calcolosi e la colica sono le tre malattie, o meglio, le tre torture, che con più elevata frequenza gravano pesantemente su nobili e principi; tutte e tre queste affezioni debbono avere tra di loro delle strette correlazioni, se frequentemente fanno prevalere, tutte assieme, il loro influsso sulla stessa persona. Come riporta Beverovicio in *De Cal. Ren. et ves.*, un uomo di lettere sofferente di calcolosi scrivendo ad un suo amico, abituale portatore di gotta, lo chiamava cognato, perché loro avevano sposato due sorelle, la gotta e la calcolosi; in più poteva succedere che, alle volte, la moglie di uno si dava all'altro, senza che rimanesse il sospetto dell'adulterio. La stessa materia, un succo putrescente prodotto dagli alimenti che i vasi sanguigni trasportano sino alle articolazione oppure ai reni, è la causa efficiente che, con l'azione stabilizzante dell'acido tartarico, porta alla formazione artritica e litiasica; esiste un generale consenso degli autori su tale ipotesi che leggiamo anche nel *De Flatib.* di Ippocrate:

Una sola è la causa di tutte le malattie,
è la loro sede che le differenzia.

Lo stesso discorso vale per la colica che è causata dall'acido che va a stimolare le membrane dell'intestino e non dalla sovra-distensione aerea; essa presenta molte affinità con le malattie delle quali si è detto prima e, come è stato spesso osservato, la colica si trasforma in gotta e la gotta in colica. Vi è un passo molto interessante nel *De humoribus* di Ippocrate,

un soggetto aveva un dolore nella parte destra dell'addome, gli sopraggiunse la gotta e gli passò la colica, guarito che fu della gotta gli ritornò più dolorosa la colica;

lo stesso passo è ripreso in *Epid. 6, 2*.

È sufficientemente dimostrato che le malattie menzionate sono dello stesso genere e che interessano in maniera prevalente nobili e principi; diverse sono le cause alla base di questo fenomeno, l'intemperanza alimentare, la vita oziosa ma, in primo luogo, i vini schietti assunti in maniera eccessiva; è per questo che i poeti rappresentano, giustamente, Bacco come padre della gotta e Venere madre. Non c'è dubbio che i vini generosi contengano molta materia tartarea ed acidi volatili, tutte cose queste che risultano necessarie nella genesi della litiasi e dell'artrite; non è strano dunque che il loro uso, continuo e smodato, porti al deposito di materiale calcareo ed alla loro calcificazione nei reni a causa dei vasi angusti e nelle articolazioni. Deve essere questo

il motivo per cui gli accaniti bevitori di vino sogliono essere afflitti da calcoli ai reni e dai dolori della gotta; Q. Sereno così ha
scritto del poeta Ennio,

> Anche il padre Ennio, a quanto sembra, a forza di scolar
> bicchieri, si meritò questa dolorosa malattia.

È frequente l'osservazione della gotta e della calcolosi come
difetto ereditario che persiste per lungo tempo all'interno delle
stesse famiglie, specialmente in quelle dei principi i quali possono
disporre di ogni genere di privilegio e di stimoli per condurre una
vita meno sobria; tali affezioni risultano dunque più frequenti tra
questi che tra altre persone e ciò dipende dal fatto che essi mantengono lo stesso tenore di vita che avevano i loro padri.

In questa sede si tratterà della prevenzione e non della cura;
con questo intento bisognerà che il medico consigli al proprio
principe l'allontanamento dalla corte, nel più breve tempo possibile, di ospiti tanto nefasti; questi, una volta che siano stati am-
messi e nutriti per qualche tempo, non sarà facile cacciarli, né
questa sarà un'operazione priva di pericoli, specie nel caso della
gotta, l'improvvisa espulsione della quale suole provocare più
gravi malattie. I principi hanno tutto il diritto di esigere dal proprio medico di essere preservati da tale genere di affezione, an-
cor di più di esser curati. Si tratta infatti di malattie a proposito
della quali Ippocrate soleva dire che muoiono col malato e che,
più sono inveterate, maggiormente infieriscono. Così, secondo
Beverovicio, un soggetto portatore di calcoli, diventato vecchio,
compiangeva la sua condizione,

> le donne con l'età diventano sterili, nel mio caso la vecchiaia mi
> rende più fecondo, infatti, o partorisco o sono gravido, ma, se

Lucina non mi assiste nei miei sforzi, sono perduto.

Per attuare dunque la prevenzione bisognerà ricorrere ad una dieta conveniente e ad un uso morigerato delle cose non naturali; l'alimentazione, qualora l'organismo sia in buone condizione, dovrà esaudire la sua esigenza nutritiva, ma non appesantirlo ed estenuarlo; dovranno inoltre essere tenute in debito conto variabili quali l'età, la stagione ed anche le abitudini personali, infatti se in precedenza la dieta era più abbondante e varia, bisognerà passare gradatamente ad un'altra più parca e più semplice. Sarà bene, in primo luogo, evitare i cibi grassi e difficili da digerire dei quali si è trattato in precedenza; quando infatti lo stomaco non svolge alla perfezione le sue funzioni non si realizza nell'intestino la normale e conveniente separazione delle parti grasse dal chilo, così succede che quella parte più nociva che dovrebbe essere escreta passa, attraverso le vene lattee, nella massa sanguigna per essere quindi depositata, quale materia morbigena, nei reni e nelle articolazioni. Niente ravviva di più la tavola dei principi, quanto la frutta di ogni genere elegantemente presentata; è da evitare quella acida ed acerba e quella che proviene da terreni collinari e pietrosi, perché molto ricca di succo tartareo, come è dato sentire per alcuni generi di frutti, ne sono un esempio i granuli delle pere che, masticandoli, danno la sensazione di avere della sabbia tra i denti. Tachenio nel *De Morb. Princ. Pod.* disapprova il consumo delle mele e di altri frutti, per la facilità con la quale si acidificano e mariscono. Ippocrate nell'opera *Sulla Dieta*, 3, 5, così scrive a proposito di questo genere di frutta:

> Le mele sono troppo forti per la natura umana,
> è meglio pertanto evitarle.

Marziano nel suo commento a questo passo aggiunge che, se

le mele non sono consumate e ben amalgamate con altro cibo, lo stomaco mal le digerisce, e come gli sono giunte, così le espelle.

I principi si debbono astenere dal bere vini troppo generosi che contengono tartaro in abbondanza, tra di essi sono da includere quelli ottenuti da uve cresciute su terreni pietrosi; sarà più conveniente ricorrere a quelli di pianura che potranno essere migliorati, come abbiamo detto in precedenza, sottoponendoli a filtrazione, in modo che abbiano un più basso contenuto di tartaro. Bisognerà inoltre guardarsi dai vini troppo leggeri; un grossolano errore, in cui incorrono spesso coloro che soffrono di gotta e di calcolosi, è quello di pensare che, dovendosi astenere dai vini generosi, siano autorizzati a bere vino leggero senza limite alcuno; cosa questa che, nel caso della gotta, è stata stigmatizzata da Giovanni Crato in *Lib. 2. Conf.*, da Van Helmont nel *Volupe Viv.*, da Ertmuller nel *De Vegetab.* ed altri ancora, che disapprovano i vini leggeri in quanto, aumentando il tenore in acidi, sono capaci di produrre dolori colici, calcoli e gotta. Sono dunque da preferirsi delle modiche quantità di vino generoso, ma diluite con acqua, a dei vini leggeri ed acidi che sono diuretici, e solo per questa denominazione dovrebbero essere guardati con sospetto, infatti non è per niente auspicabile che vengano allontanati da un comparto degli umori che vogliamo invece che vi siano trattenuti. Altrettanta attenzione deve essere riposta nella scelta dell'acqua, sia per diluire il vino generoso, sia per la cottura degli alimenti, spesso, infatti, nell'acqua è contenuto materiale calcareo. Tra le acque semplici, di uso quotidiano, sono rinomate quelle di Nocera che i principi e gli uomini nobili si preoccupano di fare arrivare direttamente dalla sorgente; nulla hanno da invidiare a queste le acque delle fonti di Modena, sulle quali ho avuto modo di trattare in riferimento al loro ammirevole sgorgare ed alla loro eccellenza.

Una conveniente attività fisica è da considerare un grande rimedio contro le malattie delle quali si sta parlando, lo stanno ampiamente a dimostrare gli abitanti delle campagne e gli artigiani i quali risultano praticamente immuni dalla gotta. Famosa è la favola di Celio Secondo Curione sul ragno e la gotta trascritta da Gaspar a Rejes in *Cam. Elys. Quaest. 88.*; c'era una volta un ragno che doveva fare un viaggio e la gotta si offrì di accompagnarlo, giunti che furono a sera, la gotta non ce la faceva più a camminare e si fermò nel tugurio di un povero uomo, il ragno proseguì sino ad arrivare in un grande e magnifico palazzo. L'indomani i due si ricongiunsero ed entrambi ebbero a lamentarsi non poco dei propri ospiti; il ragno raccontò che non era riuscito a tessere neppure un filo, cacciato dai servi con le scope, a mala pena era riuscito a mettersi in salvo; la gotta disse che le era capitato un ospite veramente rozzo che mangiava polenta, beveva vino svanito e dormiva su di un duro giaciglio, così che non gli restò altro da fare che passare la notte insonne. I due stabilirono di effettuare lo scambio degli ospiti, il ragno si sarebbe recato nelle case dei poveri, la gotta nei palazzi e nelle corti dei re. È tale l'efficacia dell'attività fisica, che, anche in assenza di un vitto frugale, indubbiamente difficile da osservare da parte di coloro che, indigenti, si debbono dedicare a lavori manuali, i cattivi umori, capaci di alimentare gotta e calcolosi, vengono allontanati attraverso il sudore con i movimenti del corpo. Deve essere improntato a moderazione l'impiego di tutte le altre cose non naturali; non è il caso di abbandonarsi al sonno su letti molto morbidi, perché ciò non fa certo bene ai reni. Sarà bene mantenere, per quanto possibile, l'addome sgombro, considerando che conviene di più avere l'alvo diarroico che, anche se moderatamente, stiptico, dal momento che i primi escrementi della digestione son trasferiti nella massa sanguigna e da questa ai reni ed alla vescica. Sia permesso a questo punto, richiamare il verso di Plauto,

Voglio piena la pancia, non la vescica.

Non farà male ricorrere, in qualche occasione, a purganti ed a salassi, ma solo quando compaiono i segni di una ridondanza di umori, bisogna dire che non è così facile contenere questi ultimi entro limiti accettabili, specialmente da parte di chi dispone di tutti i beni della fortuna.

Coloro che debbono essere trattati con purganti e con salasso, è opportuno che siano purgati e sottoposti a salasso in primavera,

dice Ippocrate in *Aphor.* 6, 47. Quelle che seguono sono le parole di Galeno scritte a commento del precedente aforisma,

riusciamo a guarire molti soggetti con una lunga storia di malattia; ricorrendo alla evacuazione abbiamo anche la possibiltà di controllare la gotta incipiente che non ha ancora provocato la formazione di porosità nelle articolazioni.

È lecito sperare che, adottando tutte le misure che sono state proposte, si riesca ad impedire la comparsa di queste funeste malattie che affliggono particolarmente i principi.

LE REGOLE PER CONSERVARE LA SALUTE DEI PRINCIPI NEL CORSO DI SPEDIZIONI MILITARI E NEGLI ACCAMPAMENTI

Ai principi non è concessa, su questa terra, una completa felicità, tale almeno da poter vivere in una pace perpetua; alle volte sono costretti, lasciata la corte, ad intraprendere delle spedizioni militari, sia per allontanare i nemici dai loro confini, sia per far valere, armi alla mano, i propri diritti. È grande l'onere che, secondo la consuetudine, incombe sul medico, egli deve seguire il principe per difendere la salute da tutto ciò che può facilmente alterarla e per conservarla convenientemente.

Due sono i rischi principali che possono arrecare gravi danni alla salute, il modo non abituale di vivere e le preoccupazioni; non sarebbe neppure pensabile che, alla fine, non ne risulti un mutamento delle condizioni e del tenore di vita, e ciò, nonostante che i principi si muovano con tanti preparativi, portandosi dietro tutto quanto pensano possa essere più necessario per mantenere i privilegi della vita; ma risulta difficile prevedere e garantirsi ogni cosa. D'altra parte gli eventi bellici sono ampiamente condizionati dalla fortuna, o, per meglio dire, dalla Divina Provvidenza e, benché siano state adottate la massima prudenza e la più grande saggezza, non è possibile evitare che i principi, dovendo tenere tutto sotto controllo, siano afflitti da preoccupazioni e che dormano sonni poco tranquilli, anche se dispongono di morbidi letti. Su questi problemi, così Virgilio parla di Enea,

...Volle prender sonno, ma il pensiero della guerra funesta angustiava il suo riposo.

In primo luogo, bisogna preoccuparsi dell'aria, individuando il luogo meno malsano dell'accampamento dove far dimorare il principe; questo deve essere lontano dalle valli e dalle acque stagnanti, specie se si deve assediare una qualche roccaforte. Coloro che si aspettano di essere assediati sogliono, se nelle vicinanze sono presenti dei fiumi, far saltare gli argini per inondare il terreno circostante al fine di tener lontani, per quanto è possibile, i nemici che, in più, risultano sfavoriti a causa dell'aria impura che si instaura. Con una simile tattica, una volta, Napoli è stata liberata dall'assedio dell'esercito francese proprio grazie alle acque stagnanti putrefatte per la calura dell'estate; gran parte dell'esercito fu distrutto e morì lo stesso comandante Lotrech. I morbi castrensi sono tremendi, quando cominciano a diffondersi riescono non solo a decimare, ma anche a distruggere un grande esercito; la loro origine è riferita principalmente a tre cause: l'aria viziata, le acque corrotte e gli alimenti malsani. Così originano le febbri maligne e le dissenterie conosciute col nome di castrensi, a proposito delle quali molti autori hanno descritto esempi funesti che sarebbe troppo lungo riportare in questa sede. Il luogo dove il principe prenderà dimora dovrà risultare sicuro, sia in relazione ai pericoli dell'aria, che rispetto alle insidie dei nemici e non dovrà essere nelle vicinanze dell'accampamento dei soldati semplici perché non sia esposto alle esalazioni mefitiche che da esso emanano. Gli Ebrei si erano dati delle leggi molto precise per controllare negli accampamenti i problemi derivanti dai rifiuti; era fatto divieto di defecare all'interno di essi e a tale necessità si doveva far fronte all'esterno dell'accampamento in una fossa scavata che poi doveva essere ricoperta; proprio per svolgere questo compito i soldati disponevano di un paletto appuntito che portavano sempre con sé. Lo stesso strumento, come ho avuto modo di leggere, era in uso presso i Turchi, i quali ponevano molta attenzione ai problemi igienici degli accampamenti, tanto che ogni soldato veniva dotato del vitto necessario ma anche di una certa quantità di sapone, col quale doveva liberare il proprio corpo dalla sporcizia. È utile riportare, a questo punto, le parole del *Deuteronomio, 23.*:

> Ci sarà un posto, al di fuori dell'accampamento, dove vi recherete per fare i bisogni corporali; assieme alle vostre armi avrete in dotazione un paletto col quale ricoprire gli escrementi di cui vi sarete liberati.

Non minore diligenza dovrà essere impiegata per avere buona acqua in abbondanza, sia essa di fonte, di pozzo o di fiume, ma principalmente della migliore qualità per fare il pane, cuocere i cibi, per preparare bevande più fresche durante l'estate e per diluire i vini troppo generosi. Nel caso di trasferimento dell'accampamento e dovendo intraprendere una lunga marcia, sarà opportuno, valutare con precisione il fabbisogno di vettovaglie considerando, tra queste, l'acqua necessaria per il principe, che deve essere trasportata in recipienti di vetro. Preoccuparsi della buona salute del principe equivale ad alimentare la speranza della vittoria e raggiungere il successo; bisogna pensare inoltre che, se egli è incolume ed in buona salute, tutto l'esercito è più unito e più alto il morale. È vero che, in questo campo, alla capacità di previsione ed alla saggezza, molto spesso, si frappongono dei limiti insuperabili, così che i comandanti e tutte le loro truppe arrivano a soffrire fame e sete. Catone di Utica in quella atroce vicenda che fu la guerra civile si era schierato dalla parte di Pompeo; in Libia con il suo esercito, si trovò in grande difficoltà per l'estrema penuria di acqua, tanto che i suoi soldati, in quell'arida regione, morivano di sete; alla fine gli esploratori scoprirono un lago, ma era infestato da una moltitudine di serpenti che vi si recavano a bere. Quei soldati non ne volevano sapere di bere quell'acqua, perché ritenevano fosse avvelenata; venuto a conoscenza del fatto, Catone andò loro incontro e li incitò a bere quell'acqua convincendoli che, placando la loro sete, non avrebbero avuto alcun effetto avverso. Lucano mette in bocca a quel condottiero che si rivolge ai soldati delle parole tali che lo fanno assomigliare non solo ad un filosofo, ma anche ad un medico dei nostri tempi:

> Soldati, non esitate a bere quest'acqua che è sicura:
> il veleno dei serpenti è dannoso solo se viene iniettato
> nel sangue: trasmettono il veleno con il sangue e minacciano
> morte con i denti. Dunque bere non è nocivo. Così disse, e bevve
> quell'acqua che i suoi soldati temevano fosse avvelenata...

Merita di essere ricordato quanto accadde a Bruto, dopo l'uccisione del dittatore; Plutarco, in *Quaes. Con. 6*, racconta come quello, assediando Durazzo, nel pieno dell'inverno ed in presenza di neve alta, fu colto da bulimia, vale a dire una fame da lupi (che i medici mettono in rapporto con il camminare a lungo sulla neve), da perdersi d'animo ed erano ancora molto lontani coloro che trasportavano le vettovaglie. I soldati, commiserando il condottiero, raggiunsero le mura della città per chiedere del pane ai nemici che, dimostrando generosità, lo concessero subito; Bruto saziatosi, dopo che ebbe conquistato la città, accettò, con grande umanità, la resa di quella gente. Dal momento che è impossibile pretendere di avere negli accampamenti ogni genere di conforto come succede a corte, il principe deve sopportare, il caldo, il freddo, i venti, le veglie, molti altri disagi ed anche, se necessariamente si impongono, le improvvise ritirate; si deve pertanto assuefare a tutte queste evenienze affinché la salute abbia meno a soffrire per repentini mutamenti; è bene che, ogni giorno, svolga dell'attività fisica, come andare a cavallo anche in condizioni disagevoli, perlustrare a piedi l'accampamento, passare le giornate all'aria aperta piuttosto che sotto la tenda; in tal modo l'organismo, gradualmente, comincerà ad abituarsi a tollerare la fatica e le ingiurie dell'aria e dei venti. Non mancano esempi di re ed imperatori che, benché avvezzi ai piaceri della corte, hanno allenato il proprio corpo, con esercizi giornalieri, a tollerare qualsiasi disagio della vita militare senza ricavarne pregiudizio per la salute, non diversamente dai soldati semplici. Enrico IV, re dei Francesi, si era conquistato il regno con il suo coraggio e con grande pazienza, ora vincitore, ora vinto; i Francesi stessi lo ammiravano per il vigore e la resistenza del suo corpo e lo chiamavano re di ferro. Abbiamo potuto vedere, di recente, un esempio non dissimile nella persona di Sua Altezza Serenissima re di Sardegna, in precedenza duca di Savoia, il quale con non inferiore forza d'animo che di corpo, resistette, per molti anni, all'esercito francese che con impeto devastante aveva messo a ferro ed a fuoco il suo paese; si ritrovò assediato nella sua reggia, sempre in attività di giorno e di notte, andando di qua e di là a dare ordini per neutralizzare le mosse del nemico, non si concesse riposo sino a quando non furono cacciati i nemici e non fu tolto l'assedio alla sua città; in quel momento apparve ancora forte ed in perfetta salute. È impossibile condurre, nell'accampamento, una vita regolare, è per questo motivo che il principe non osserva rigidamente i dettami della medicina, ma, come dice Celso,

> si vivono condizioni molto diverse, alle volte si riposa, più di frequente bisogna essere molto attivi, oggi si mangia, domani si digiuna, ora in quantità eccessiva, ora in modo insufficiente.

Ciò nonostante la temperanza non può essere rimossa, bisognerà evitare l'alimentazione troppo abbondante e la sazietà e l'uso di vini molto generosi; poiché le spedizioni militari di solito vengono effettuate d'estate, è principalmente l'assunzione eccessiva di vini generosi che, più che conservarla, indebolisce la salute; opportunamente Platone, nel *De Legib.*, (il passo è citato da Galeno in *Lib. quod Ani. Mores seq. Corp. Temper.*) vieta l'uso del vino negli accampamenti, e soprattutto a coloro che hanno responsabilità di comando.

Specialmente nei lunghi assedi l'inattività è una situazione che predomina, per questo motivo non bisogna trascurare il ricorso a degli svaghi che sono capaci di coadiuvare non poco la conservazione della salute; tutti, siano essi buoni o cattivi, come dice Platone, partono dall'animo e trasferiscono effetti benefici sul corpo; tali sono quegli svaghi che si addicono di più ad un principe saggio, quali le conversazioni con persone dotte e uomini di lettere che sono del seguito e la lettura di libri di vario argomento; molto indicata è la lettura di carattere storico, sia della storia antica, che di quella moderna, dalla quale possono derivare piacere ed erudizione. Risulterà molto utile anche la lettura delle Sacre Scritture, come i *Libri dei Re*; parimenti, la lettura di libri di argomento militare e di filosofia morale sarà capace di suggerire degli ottimi spunti. Augusto che rappresenta un esempio egregio per i principi, sia in guerra che in pace, nell'accampamento presso Modena, manteneva l'abitudine, come riporta Svetonio, di leggere, scrivere e declamare. Così, Giulio Cesare inframezzava alle guerre lo studio delle cose naturali e celesti, e, principalmente, la contemplazione; Lucano gli fa dire di se stesso:

> ...In mezzo alle guerre, mi son sempre dedicato
> allo studio degli astri e delle cose celesti.

Gioverà al morale, per distogliere l'attenzione dalle più gravi preoccupazioni, giocare, alle volte, ai dadi con gli amici più intimi, anche per familiarizzare con il volgere della fortuna. Appare opportuno riportare quello che scrive Sidonio Apollinare di Teodorico, re dei Goti; di quel re che giocava con i nobili di corte lo scrittore dice:

> Dovendo giocare, in tutto quel tempo mette da parte l'autorità da sovrano, nei tiri fortunati tace, per quelli sfortunati ride, per quelli indifferenti si adira, in occasione di ognuno agisce da filosofo.

Con questi ed altri svaghi si senta sollevato e si prepari per ogni genere di evento e sappia che ad un principe generoso si addice "il fare ed il patire eroicamente".

FINE

NOTA DEI TRADUTTORI

L'edizione del *De Principum valetudine tuenda Commentatio* adottata per la presente versione, la prima in lingua italiana, è quella padovana del 1717 per i tipi di G. B. Conzatti; si tratta della ristampa, presso lo stesso editore, della prima edizione del 1710, dalla quale differisce soltanto per il formato, mentre questa era in 8°, quella è in 16°.

È stata consultata l'unica versione esistente dell'opera, quella francese pubblicata, assieme alla *Dissertazione sulla tutela della salute delle vergini religiose* ed ai *Vantaggi della vita sobria di Luigi Cornaro con i commenti tanto curiosi, quanto necessari* dello stesso Ramazzini a Leida[1], che manca sia del nome dell'autore che del traduttore; quest'ultimo potrebbe tuttavia essere individuato, nel medico olandese Etienne Coulet[2]. La traduzione francese si distingue per molti generi di infedeltà, ma, principalmente, per un linguaggio meno preciso ed asciutto di quello di Ramazzini,

---

[1] *L'art de conserver | la Santé | des Princes | et des Personnes du Premier Rang. | Auquel on a ajouté, | l'Art de conserver | la Santé | des Religieuses, | et | les avantages | de la vite sobre | du Seigneur Louis Cornaro | Noble Venitien | Avec des Remarque sur se Dernier, | aussi Courieuses, que Necessaires*, 1724 à Leide / Chez Jean Arn. Langerak, / in 16°.

[2] DI PIETRO P., *Bibliografia di Bernardino Ramazzini*, Istituto italiano di medicina sociale editore, Roma 1977, p. 47.

non giustificabile sulla base delle sole esigenze poste dalla lingua francese.

La presente versione si è posta l'obiettivo di attualizzare e semplificare, ragionevolmente, il linguaggio di Ramazzini, evitando pertanto di ricorrere ad una traduzione letterale di un latino essenziale, di "comunicazione" scientifica, ma mai banale, anzi ricco ed elegante, inframezzato armonicamente da frequenti citazioni mediche e, principalmente, letterarie; l'inserimento nel testo di citazioni di brani classici, più che interrompere bruscamente, raggiunge il risultato, ricercato, di chiarire e di ribadire, non senza effetto, il concetto già espresso. Si è dovuto rinunciare, almeno in parte, anche perché molto difficile, all'obiettivo di rendere in italiano alcuni particolari risultati ed immagini ottenuti in latino mediante il ricorso ad un gioco di parole, di interiezioni.

L'apparato bibliografico dell'autore non è stato oggetto di un particolare intervento; è rimasto invece nella forma originale, nel testo, e nella sua essenzialità. Si è ritenuto che un intervento critico, così come è stato svolto da Di Pietro nel caso de *Le Malattie dei lavoratori* dello stesso Ramazzini[3], sarebbe risultato ridondante, non apportando, nel contempo, informazioni di un certo interesse; infatti, a differenza che ne *Le Malattie dei lavoratori*, le voci bibliografiche che compaiono nella presente opera, per motivi anche comprensibili, non sono quasi mai specifiche ed originali, sia quando esse ricadono nel versante della letteratura medica, sia quando attengono ai classici, specie se greci e latini.

I traduttori

---

[3] Dɪ Pɪᴇᴛʀᴏ P., *Le fonti della "Diatriba de morbis artificum" di Bernardino Ramazzini*, Atti del XXI Congr. Intern. Storia Med., (Siena, 22-28 settembre 1968), 1968, pp. 1023-1029.

LA VITA DI
BERNARDINO RAMAZZINI

Bernardino Ramazzini nasce a Carpi, il 4 ottobre 1633, da Bartolomeo Ramazzini e da Caterina Federzoni, secondo di quattro fratelli.

Bartolomeo Ramazzini, il figlio di uno dei fratelli di Bernardino, Antonio, fu anche egli medico e primo biografo dello zio[1], essendo in costante contatto con questi, sia per motivi scientifici che familiari. Bartolomeo Ramazzini sposò in seconde nozze la sorella di Ludovico Antonio Muratori. In anni più recenti e successivamente ad un'altra importante biografia[2], è stato principalmente Pericle Di Pietro ad indagare e sistemare, a più riprese, anche molti dei problemi biografici di Ramazzini rimasti aperti[3], compresi quelli tramandati in maniera incompleta o non fedele dal nipote.

I primi studi Bernardino Ramazzini li compie presso i Gesui-

---

[1] B.R., *Bernardini | Ramazzini, | Carpensis Philosophi ac Medici, | Olim in Mutinensi Academia | Primi Professoris, postremo in Patavino Lyceo Practicae | Medicinae Professoris Primarii | Opera Omnia, | Medica et Physiologica. | Accessit | Vita Autoris a Barthol. Ramazzino | Med. Doct. ejus ex Fratre Nepote scripta, | Cum figuris, et indicibus necessariis.* Genevae, / Sumptibus Cramer & Perachon. / 1716, in 8°.

[2] MAGGIORA A., *L'opera igienica di Bernardino Ramazzini*, Società Tipografica Modenese, Antica Tipografia Soliani, Modena 1902.

[3] DI PIETRO P., *Bernardino Ramazzini nel CCCL anniversario della nascita: 1633-1983*, Libreria Il Portico, Carpi 1983.

ti della sua città per poi trasferirsi, diciannovenne, a Parma, dove, il 21 gennaio 1659, si laurea in Filosofia e Medicina.

La medicina pratica la apprende a Roma seguendo l'attività e gli insegnamenti di Antonio Maria de' Rossi, un medico all'epoca molto stimato, nato nel 1588, con una precedente esperienza di medico capo di Ravenna, figlio dello storico ed archiatra di papa Clemente VIII. Da Roma passa nel Ducato di Castro, nel viterbese,

"conductus a populo Canini & Marta per aliquot annos non sine utilitate aegrorum praxim medicam execuit..."[4]

e vi rimane fino all'aprile del 1663 quando, ammalato di malaria, molto diffusa in quella regione, rassegna le dimissioni e ritorna a Carpi. Di questo periodo, non brevissimo, della vita di Ramazzini non esistono testimonianze e vane sono risultate le ricerche di fonti capaci di meglio connotarlo; sulla sua importanza da parte di tutti i biografi sono state riportate ipotesi semplici quanto verosimili: Ramazzini ha appreso la medicina pratica; ha prestato la sua opera a popolazioni rurali, povere e bisognose; ha fatto molta esperienza; ha potuto toccare con mano come delle precise condizioni di vita e dell'ambiente influiscano sulla salute degli uomini.

A Carpi si ristabilisce ed il 13 febbraio 1665 si sposa con la concittadina Francesca Guatoli; dal matrimonio nascono 4 figli, di questi, i due maschi morirono in tenera età, la primogenita non ebbe figli, nipoti invece ebbe da parte della figlia Gismonda i

---

[4] B.R., *Bernardini / Ramazzini, / Carpensis Philosophi ac Medici, / Olim in Mutinensi Academia / Primi Professoris, postremo in Patavino Lyceo Practicae / Medicinae Professoris Primarii / Opera Omnia, / Medica et Physiologica. / Accessit / Vita Autoris a Barthol. Ramazzino / Med. Doct. ejus ex Fratre Nepote scripta, / Cum figuris, et indicibus necessariis.* Genevae, / Sumptibus Cramer & Perachon. / 1716, in 8°, p. 2.

quali, in seguito, vivranno a Padova con il nonno aiutandolo, negli ultimi anni della sua vita, come lettori ed amanuensi. Nel periodo carpigiano, che dura fino al 1671, Ramazzini si dedica, con buoni risultati, all'esercizio professionale partecipando inoltre alla vita culturale della città, come è dimostrato anche dalla sua iscrizione, nel 1668, all'Accademia degli Apparenti di Carpi.

Alla fine del 1676 si trasferisce con la famiglia a Modena dove, proprio in quegli anni, comincia la ricostruzione dello Studio, un tempo glorioso; Ramazzini, come risulta da molti indizi, si fece una fama sempre crescente di clinico e di studioso e fu apprezzato anche alla corte del duca Francesco II d'Este. Gli viene affidata l'unica cattedra di medicina del ricostruito Studio ed anche l'incarico di pronunciare, il 5 novembre 1682, l'orazione inaugurale. Parallelamente allo Studio, a Modena nacque, nel 1683, l'Accademia Ducale dei Dissonanti che vede il Ramazzini membro fondatore e molto attivo. Nell'anno accademico 1685-86, venne istituita una seconda cattedra di medicina e fu affidata a Francesco Torti; le due cattedre avevano il nome di Medicina Teorica e di Medicina Pratica ed i due docenti si alternavano nei rispettivi corsi senza una regola precisa. Nei corsi tenuti da Torti compaiono argomenti di fisiologia e di igiene, in quello di Ramazzini per l'anno 1690-1691, che ha carattere monografico, vengono trattate le malattie dei lavoratori. Nel 1691 Ramazzini e Torti ricevettero la nomina onorifica di medici di corte che comportava, principalmente, l'intrattenimento di Francesco II, per un'ora prima della cena, "a discorrere e conversare, con letture virtuose e ragionamenti di cose letterarie", ma non mancavano tuttavia prestazioni di carattere professionale, come quella di "sentire il polso", dopo il colloquio e prima della cena[5]. In questo periodo modenese Ramazzini

---

[5] Di Pietro P., *Bernardino Ramazzini nel CCCL anniversario della nascita: 1633-1983*, cit.

pubblica numerosi lavori scientifici di soggetto clinico, geofisico ed epidemiologico, alcuni con carattere di assoluta novità che vennero molto apprezzati dagli studiosi europei ed in particolare da quelli tedeschi; taluni di quei lavori sono stati ristampati dall'Accademia Cesareo-Leopoldina dei Curiosi della Natura, per suggerimento di Leibniz che Ramazzini aveva conosciuto a Modena alla fine del 1689; con questi instaurò amicizia e rapporti sul piano scientifico che si protrassero nel tempo, ne è testimonianza uno scambio epistolare che va dal 1690 al 1704[6]. Quella stessa Accademia lo accolse tra i suoi membri con il nome di Ippocrate Terzo, inviandogli il relativo diploma in data 18 novembre 1693. Un ruolo importante, nel favorire i rapporti tra il Ramazzini ed i vari personaggi del mondo scientifico e culturale del suo tempo, lo ha avuto Antonio Magliabechi, erudito ed influente bibliotecario del Granduca di Toscana; gli scambi epistolari tra Ramazzini e Magliabechi erano frequenti e nella raccolta delle lettere del primo, che sono state conservate e studiate[7], la maggior parte sono indirizzate al secondo ed al nipote Bartolomeo. Tra gli altri corrispondenti di Ramazzini figurano Marcello Malpighi, Giovanni Maria Lancisi, Ludovico Antonio Muratori, Giovanni Ascani. Amicizia intrattenne con Giovanni Cinelli, irrequieto medico e letterato fiorentino che lo sostenne in una delle controversie sostenute da Ramazzini, quella con Giovanni Andrea Moneglia, riguardante un caso clinico, con esito mortale, nel quale Ramazzini si era trovato coinvolto; pare che dietro questa controversia ci fossero anche affari di governo tra la corte estense e quella di Toscana. Di Pietro esprime il giudizio che, nonostante le inevitabili

---

[6] Dɪ Pɪᴇᴛʀᴏ P., (a cura di), *Epistolario di Bernardino Ramazzini, pubblicato in occasione del CCL anniversario della morte*, Stab. Tip. P. Toschi & C., Modena 1964; ID. *Carteggio fra Ramazzini e Leibniz*, Atti e Memorie della Deputazione di Storia Patria per le Antiche Province Modenesi, Serie IX, 1965, IV-V: 141-174.

[7] Dɪ Pɪᴇᴛʀᴏ P. (a cura di), *Epistolario di Bernardino Ramazzini*, cit.

controversie, Ramazzini fosse dotato di carattere equilibrato e di sana religiosità; si preoccupa di far capire che è un seguace delle prescrizioni e degli interessi ecclesiastici, diventando anche medico in alcuni conventi di suore, ma è capace di contestare quelle situazioni, determinate dalla Chiesa, che risultano in contrasto con le più avanzate conoscenze mediche ed igieniche, come nel caso dell'abolizione dei bagni pubblici, stabilita con motivazioni di ordine morale, e del seppellimento dei morti nelle chiese. In una sua lettera egli fa su di sé la seguente considerazione:

"Oggidì beato, almeno in questo mondo, chi sa così bene fingere; io per me sarò sempre infelice perché non ho mai potuto apprendere una tale arte"[8].

In un'altra lettera del 1699 indirizzata a Magliabechi esprime con chiarezza le sue propensioni scientifiche e culturali:

"Mi sarà caro che la S.V. Ill.ma scriva quello che giudica bene di Galileo, splendore di sì sub.me Città, come parim.ti del Borelli, Autori da me tanto stimati. Tra i Letterati, degni di cui facciasi menzione parmi che debba riporsi il Baccone, e l'Harveo, scopritore del moto circolare del sangue. Tra i Filosofi il Gassendi e il Cartesio. Tra i poeti toscani il Marino, il Tassone, e il Deleman"[9].

Ramazzini mostra di essere anche un attento osservatore di avvenimenti importanti dal punto di vista sociale, ecco, ad esempio, il racconto che fa al nipote Bartolomeo in una lettera del 12 maggio 1713 pubblicata da Maggiora:

"...Qui corre una pessima stagione, piovosa non avendo figura di primavera e si fanno perciò pubbliche preghiere. I poveri vil-

---

[8] *ibidem*, p. 246.

[9] *ibidem*, pp. 232-233.

lani muoiono di fame, né ponno seminare i fromentoni, il quale vale L. 52 il moggio e 62 il frumento. Un bellissimo accidente è occorso in Este. Un contadino andò a trovare certo signore detto Gentilini ricchissimo, lo prega, lo scongiura a dargli del frumentone senza danaro perché moriva di fame egli e la sua famiglia e questo glielo nega, il contadino disperato va a casa, piglia un archibugio e va ad uno posto per dove dovea passare il Gentilini, e quando questo arriva s'alza in piedi coll'archibugio alla mano, e gli dice che si fermi e gli dia del denaro, questi per salvare la vita mette fuori una borsa dove erano 19 zecchini, il villano, piglia un solo zecchino e li rende la borsa e dice che vada. Il contadino pensando a' casi suoi va a trovare il prete della villa e li racconta il fatto, il prete ammirando l'azione generosa li donò un zecchino e li promise andar a trovar il Gentilini acciò non lo querelasse alla giustizia, andò questi a trovare il suddetto, il quale li diede parola non li dar molestia alcuna, acciò li diede un zecchino da donare al suddetto contadino; questo è il caso seguito..."[10].

Il passaggio all'Università di Padova, annunciato e ambito da Ramazzini già da alcuni anni, si realizza nei primi giorni di novembre del 1700, lo stesso anno in cui era uscita dal torchio la prima edizione de *Le Malattie dei Lavoratori*. Non sono conosciuti con precisione i reali motivi e le implicazione di questo passaggio; si può ipotizzare che Ramazzini aspirasse alla cattedra di Padova perché quella era una università più famosa; non è inoltre trascurabile il fatto che la situazione economica e politica di Modena era mutata decisamente in peggio, tanto che in una lettera del 1704, indirizzata a Leibniz, Ramazzini scrive che la sua patria era ben diversa da quella che aveva lasciato e che Leibniz stesso aveva conosciuto. Con un documento del 26 agosto 1700 il Senato Veneto comunicò a Ramazzini la nomina a "Lettore presso lo Studio di Padova nella cattedra di Pratica Ordinaria di Medicina in secondo luogo"; infatti, nei primi mesi del 1699 nello Studio pata-

---

[10] MAGGIORA A., *L'opera igienica di Bernardino Ramazzini*, cit.

vino si era resa vacante la seconda cattedra di Medicina pratica ed i Riformatori avevano assunto informazioni su vari professori; da quelle relative a Ramazzini risulta la "molta abilità del Dottor Bernardin Ramacini da Modena" e che egli era "molto propenso ad abbracciare in Padova una lettura"[11]. Dopo un mese di ambientamento, passato anche a frequentare le lezioni pubbliche, il 12 dicembre del 1700 pronunciò l'*Orazione*. Le lezioni di Bernardino Ramazzini, a partire da questa, vennero giudicate molto favorevolmente dalle autorità accademiche, le quali scrivendogli un elogio, in data 25 agosto 1708, gli confermarono la cattedra per la quale egli aveva invece temuto, per via della sua età, avendo raggiunto i 74 anni. Nel marzo del 1709 si era resa vacante la prima cattedra di Medicina pratica, che gli venne affidata; anche nel 1713, passato il quadriennio, gli venne riconfermata, ad 80 anni, la cattedra. Intanto nel 1708 "per atto di pubblica benignità", gli era stato concesso l'ingresso nel Collegio dei Filosofi e Medici; per il triennio 1708-1711, era stato nominato Presidente del Collegio degli Artisti; nel 1704 era stato annoverato tra gli Arcadi con il nome accademico di Licoro Langiano; nel 1707, era stato iscritto alla Reale Società delle Scienze di Berlino su proposta di Leibniz che ne era Presidente. Anche il periodo padovano è costellato di molti lavori scientifici, di quelli nuovi ed originali, come nel caso delle 15 *Orazioni Accademiche*, de *La Salute dei Principi* e di quelli ampliati e rivisti che lo hanno reso sempre più famoso in tutta la comunità scientifica europea.

Dalla sua attività professionale, e non dalla stampa dei suoi libri, Ramazzini aveva tratto un certo vantaggio economico che aveva investito in possedimenti nella campagna di Modena, dove tornava ogni estate, e di questi scrive spesso nelle lettere indi-

---

[11] Di Pietro P., *Bernardino Ramazzini nel CCCL anniversario della nascita: 1633-1983*, cit., p. 11.

161

rizzate al nipote Bartolomeo, suo curatore, con toni preoccupati per le loro basse rendite.

La salute di Bernardino Ramazzini, dopo il periodo passato nel ducato di Castro, fu sempre buona; nel 1703, dopo i primi anni padovani, cominciò ad accusare dei disturbi su base circolatoria che egli stesso attribuì al cambiamento di clima, dell'alimentazione e principalmente del vino, e del modo di vivere che a Padova era diventato più sedentario. Nel 1705 ebbe i primi disturbi visivi che si aggravarono negli anni successivi sino a ridurlo in cecità. Le alterazioni vascolari cerebrali, delle quali Ramazzini era portatore, causarono un'emorragia che, secondo Giovan Battista Morgagni, suo medico curante e collega all'Università, invase i ventricoli del cervello provocando in poche ore la morte; era il giorno 5 novembre 1714 e si stava recando allo Studio per tenere la sua lezione.

LE OPERE DI
BERNARDINO RAMAZZINI

LE OPERE DEL PERIODO MODENESE

I. Tra i primi scritti di Bernardino Ramazzini sono da ricordare quelli di carattere letterario, più di 30, in maggioranza poetici, raggruppati dal suo massimo studioso[1] nel modo che segue: a) componimenti pubblicati dall'autore[2]; b) componimenti pub-

---

[1] Di PIETRO, P., *Bibliografia di Bernardino Ramazzini*, Istituto Italiano di Medicina Sociale Editore, Roma, p. 47.

[2] B.R., *De Bello Siciliae / Cento / ex Virgilio. / Ad invictissimum / Galliarum Regem / Ludovicum XIV. / Bernardini Ramazzini / Carpensis / Doctoris Medici. Seguono: Poesie / Del medesimo Autore / Sopra varie gloriose Imprese / Della Maestà Christianissima di / Luigi XIV / Re di Francia, e di Navarra, / In occasione / delle correnti guerre.* Mutinae, Apud Demetrium Dignum, 1677. in 8°; B.R., *Ad librum. Bernardini Ramazzini / Medicinae Professoris. In: Bartolomaei Gatti / J. C. Mutinensis / ... / Consilia / Opera, et Studio / Ioannis Galliani ... / nunc primum in lucem edita.* Parmae, / Sumptibus Ioseph de Rossetis Bibliopolae 1688. / Ex Typographia Galeatii Rosati. in 8°; B.R., *Per essersi trattenuta la Sposa del Gran Principe di Toscana sulla riviera del Panaro un giorno,* Firenze, alla Stella, 1689; B.R., *Applausi festivi / del Panaro / per l'ingresso solenne / in Modana / della Serenissima Signora Duchessa / Margherita / Farnese d'Este / dopo la villeggiatura / di Sassuolo. / Canzone / di Bernardino Ramazzini.* In Modana, / Per gli Eredi Cassiani, [1692]; B.R., *Epithalamium ad Rainaldi I, Mutinae Ducis, Sponsam, Carlotam Brunsvicensem in Italiam migrantem.* Mutinae, Capponi, 1696; B.R., *Auctor ad librum,* 1700, si tratta dei 22 versi premessi alla prima edizione della *Diatriba;* B.R., *Ad Illustriss. & Excellentiss. D. / Bernardum / Trevisanum / Scriptorem Doctissimum / Elegia / D. Bernardini / Ramazzini / Mutinensis, / In Licaeo Patav. publice Medicinam profitentis. In: Anniversario / celebrato / con prose, e versi / nella morte / delli due sposi / Il N.H. s. / Giovanni / Morosini / E la N.D. / Elisabetta Maria / Trevisani* [parte II, pp. 139-143: 55 distici latini]. In Venezia, per Michele Hertz,

blicati nella *Vita* da Bartolomeo Ramazzini[3]; c) componimenti pubblicati da Berrettari[4]; d) componimenti pubblicati da Sammarini[5]; e) componimenti pubblicati nell'epistolario curato da Di Pietro[6]; f) nove recensioni pubblicate nell'annata 1693 del "Giornale de Letterati" di Modena; g) componimenti recitati nelle sedute della Ducale Accademia dei Dissonanti, dei quali non è restata traccia; h) versi ancora inediti conservati nella Biblioteca Estense a Modena.

A proposito di un sonetto inviato a Magliabechi con una sua lettera del 1692 Ramazzini scrive:

> "...non l'ho mostrato ad altri che al P. Bacchini, e al S.r M.e Guidoni, perché qui in un Professore di Medicina la Poesia è un grande scapito; ella mi creda che in oggi per tutto regna l'Ignoranza, e chi vuole scoprirsi si fà bersaglio della maledicenza e del livore...".
>
> "La sua produzione poetica non è abbondante e, pur nulla togliendo alla personalità dell'autore, non è certamente tale da accrescerne i meriti [...] a me sembrano migliori i versi latini che

---

1702, in 8°.

[3] B.R., *Bernardini | Ramazzini, | Carpensis Philosophi ac Medici, | Olim in Mutinensi Academia | Primi Professoris, postremo in Patavino Lyceo Practicae | Medicinae Professoris Primarii | Opera Omnia, | Medica et Physiologica. | Accessit | Vita Autoris a Barthol. Ramazzino | Med. Doct. ejus ex Fratre Nepote scripta, | Cum figuris, et indicibus necessariis.* Genevae, / Sumptibus Cramer & Perachon. / 1716, in 8°, pp. 258, 260, 264, 272, 290.

[4] BERRETTARI F., *Berrettarii | Francisci, | Carminum | Secundae Partis | Libri sex. | Ad Illustriss. Clariss. Sapientiss. V. | D. Antonium | Maliabechium | Cosmi III. Magni Ducis Etruriae | Bibliothecarium.* Massae 1693, / Ex Typographia Hieronymi Marini, in 16°.

[5] SAMMARINI A., *Bernardini et Bartholomaei Ramazzini Carmina alia.* In: *Memorie Storiche e Documenti sulla Città e sull'Antico Principato di Carpi*, Carpi 1880, Pederzoli e Rossi, Vol. II, pp. 243-275.

[6] DI PIETRO P., (a cura di), *Epistolario di Bernardino Ramazzini, pubblicato in occasione del CCL anniversario della morte*, Stab. Tip. P. Toschi & C., Modena 1964, pp. 242-243, 259.

quelli italiani. Del resto egli maneggiava assai bene la lingua latina..."[7].

II. Gli scritti "polemici", costituiti da *Censure* e *Risposte*, erano manifestazioni pubbliche di controversie di frequente registrate nel Sei-Settecento che coinvolgevano letterati, ma anche personalità del mondo scientifico. Ramazzini non riuscì a sottrarsi ad almeno due di questi eventi che ebbero in quel tempo vasta risonanza, erano legati alla sua attività professionale e precedono l'inizio della sua attività universitaria modenese. Il primo ha come interlocutore il medico modenese Annibale Cervi e trae origine da un caso di empiema, non riconosciuto dal curante. Questi per giustificare il suo operato fece circolare un libello manoscritto; Ramazzini, volendo manifestare il proprio sdegno, rispose pubblicamente dando alle stampe il libello di Cervi con l'aggiunta di una sua risposta[8]; Cervi replicò e Ramazzini era pronto a fare altrettanto, ma la sua risposta non vide la luce per divieto del duca Cesare d'Este e così, come riporta il nipote di Ramazzini, Bartolomeo, la controversia ebbe fine "silenti peplo involuta"[9].

Dal 1681 sino al 1684 Bernardino Ramazzini si trovò implica-

---

[7] Di Pietro P., *Bernardino Ramazzini nel CCCL anniversario della nascita: 1633-1983*. Libreria Il Portico, Carpi 1983, p. 25.

[8] B.R., *Exercitatio | Iatrapologetica | Bernardini Ramazzini | M. D. | Seu responsum | Ad Scripturam quandam Excell.mi Domini | Annibalis Cervii | Doctoris Medici. | Ad Illustrissimum Dominum | Bartholomaeum | Gattum | Serenissimi | Francisci II | Estensis | Ducis Mutinae, Rhegii, &c. | A secretis, et Status Consiliarum*, Mutinae, Apud Demetrium Dignum, 1679. in 8; B.R., *Idem.* Mutinae, Denuo, sed per Cassianos, 1679, in 8°.

[9] B.R., *Bernardini | Ramazzini, | Carpensis Philosophi ac Medici, | Olim in Mutinensi Academia | Primi Professoris, postremo in Patavino Lyceo Practicae | Medicinae Professoris Primarii | Opera Omnia, | Medica et Physiologica. | Accessit | Vita Autoris a Barthol. Ramazzino | Med. Doct. ejus ex Fratre Nepote scripta, | Cum figuris, et indicibus necessariis.* Genevae, / Sumptibus Cramer & Perachon. / 1716, in 8°, p. 3.

to in una controversia ben più pesante e lunga che diede origine ad almeno 15 scritti, tre dei quali pubblicati a stampa[10]; riguardava la marchesa Maria Maddalena Bagnesi fiorentina, moglie di un nobile modenese, morta subito dopo il parto per ritenzione della placenta. I familiari della donna sottoposero la relazione scritta di Ramazzini sul caso al giudizio di Moneglia, il quale diede il via ad una "rissa terribile" a cui parteciparono anche altri medici e uomini di legge. L'ultima risposta di Ramazzini, già scritta, fu fermata dall'intervento delle corti di Modena e di Firenze e venne pubblicata postuma[11]. È stato scritto, forse in maniera troppo ideologica:

"...il giovane medico di Carpi, che mette in versi madrigali ed epigrammi, ricette mediche ed ingiurie sanguinose, che sa abilmente prendersi gioco di sé come degli altri, sa contemperare infatti, nei sonetti italiani e nei distici latini, l'acre zenzero del sarcasmo e il miele dolciastro dell'adulazione; finché la disputa diverte la Corte e gli crea intorno un'interessante atmosfera di scienziato e insieme di uomo di mondo, aguzza gli strali della polemica contro gli altri medici-poeti-cortigiani, ma è pronto a rin-

---

[10] B.R., *Relazione / di Bernardino Ramazzini / sopra / il Parto, e Morte dell' Illustrissima Sig. Marchesa / Maria Maddalena / Martellini Bagnesi. / Con una Censura / dell' Eccellentissimo Sig. Dottore / Gio: Andrea Moneglia, / e Risposta / del medesimo Ramazzini alla detta Censura*, in Modana, / Per gli Eredi di Viviano Soliani Stampatori Ducali, 1681, in 4°; B.R., *Risposta / del Dottore / Bernardino / Ramazzini / alla Seconda Censura / dell' Eccellentissimo Sig. Dottore / Gio: Andrea Moneglia*. In Reggio, per Prospero Vedrotti, 1681, in 4°; B.R., *Risposta / del Dottore / Bernardino / Ramazzini / Alla terza Censura / dell' Eccellentiss. Sig. Dottore / Gio: Andrea / Moneglia*. In Modana, / Per gli eredi di Viviano Soliani Stampatori Ducali / 1682, in 4°.

[11] RAMAZZINI G., *Controversia / medico-letteraria / fra i Signori Dottori / Gio: Andrea Moneglia / e / Bernardino Ramazzini / in occasione del parto, e morte / dell'Illustrissima Signora Marchesa / Martellini Bagnesi / seguita in Modena l'Anno MDCLXXXI. / In questa nuova impressione accresciuta d'una risposta / non più stampata del Ramazzini alla Quarta / Censura del Moneglia / con altro ragionamento / Intorno il comun pericoloso metodo d'estrarre colla / mano le Secondine / del Dottore / Gioseffo Ramazzini / Professore di Medicina, e Pronipote del suddetto / Bernardino Ramazzini*. In Modena 1758 / Per gli Eredi di Bartolomeo Soliani Stampatori Ducali, in 8°.

foderarli, non appena intuisce sul proprio avversario una poten-
te protezione..."[12].

III. Nell'ultimo decennio del Seicento Bernardino Ramazzini
dimostra interesse ed impegno principalmente in due campi di
ricerca, quello di argomento "geofisico" in senso lato, combina-
to spesso con studi di tipo epidemiologico, e quello riguardante
la medicina dei lavoratori, entrambi caratterizzati da una straordinaria originalità rispetto alla letteratura precedente. Nel primo caso viene sottolineata la necessità di approfondire scientifi-
camente i rapporti tra l'uomo ed il mondo esterno, indagando
l'influenza che i fattori ambientali quali la temperatura, la pressione barometrica, l'umidità, i venti ed altri ancora, esercitano
sulla vita e la salute dell'uomo. Nel secondo caso vengono radi-
calmente messi in discussione i nessi esistenti tra società e lavoro e tra questi e la salute dei lavoratori. Secondo Donaggio:

> "non abbastanza è stato osservato questo fatto: che è avvenuto
> nel Ramazzini, per quanto riguarda le vere e proprie pubblica-
> zioni scientifiche, a prescindere dalla casistica, come una con-
> centrazione di conoscenze e di esperienza, che trabocca in opere
> durature solo a 57 anni, e per dieci anni, si esplica con i cinque
> lavori fondamentali; si può dire che le pubblicazioni scientifiche
> di Bernardino Ramazzini, tutte svolte a Modena, stanno rac-
> chiuse nel breve e straordinario fervido periodo che va dal 1690
> al 1700"[13].

È del 1690 la prima *Costituzione Epidemica*, una relazione,
scritta sull'esempio di Ippocrate, riguardante le malattie che si

---

[12] CONTI L., *Profilo di Bernardino Ramazzini*, La med. internaz., 49: 76-78, 1941, p.
76.

[13] DONAGGIO A., *Bernardino Ramazzini e la sua opera nel periodo modenese (1671-
1700)*. Atti VII Congr. Naz. Med. del Lavoro, pp. 129-138, Parma, Modena, Carpi,
24-26 ottobre 1927, [1928], p. 131.

erano presentate nel territorio modenese in quell'anno[14]; viene messo in evidenza che il tempo da gennaio a tutto luglio era stato molto piovoso e che, nello stesso periodo, si era verificato un eccesso di mortalità. Parallelamente alla mortalità umana, Ramazzini aveva osservato modificazioni del comportamento tra insetti, api e bachi da seta, i quali o si mostravano meno vivaci ed attivi, oppure erano stati colpiti da una inconsueta moria; anche il bestiame, nello stesso periodo, era stato afflitto da varie malattie. Lavoro analogo fece e pubblicò per l'anno seguente, il 1691[15]; i risultati furono diversi da quelli registrati nell'anno 1690 sia per le condizioni atmosferiche che per l'andamento della mortalità e della morbosità, in più emerse un particolare eccesso di apoplessie. Il Ramazzini si era ripromesso di riferire annualmente delle malattie in rapporto al tempo, ma la terza *Costituzione Epidemica presso i Modenesi* compare soltanto nel 1695, essa tuttavia rende conto delle osservazioni eseguite negli anni 1692-1694[16]; i dati climatici erano stati raccolti sistematicamente per tutto il periodo. Si evidenzia, tra le altre cose, un numero elevato di morti improvvise nella notte del 23 gennaio 1693, in coincidenza con una eclissi di luna; l'autore non nega,

---

[14] B.R., *De | Costituzione | Anni M.DC.LXXXX | Ac de | Rurali epidemia, | Quae | Mutinensis Agri, et vicinarum Regionum | Colonos graviter afflixit, | Dissertatio. | Ubi quoque Rubiginis natura disquiritur, quae fruges, et fru|ctus vitiando aliquam caritatem Annonae intulit. | Bernardini Ramazzini | in Mutinensi Lyceo | Medicinae Professoris. | Ad Illustrissimum, et Doctissimum Virum | D. Antonium Maliabechium.* Mutinae, 1690. / Typis Haeredum Cassiani Impress. Capit., in 8°.

[15] B.R., *De | Costitutione | Anni M.DC.LXXXXI | Apud Mutinenses | Dissertatio | Bernardini Ramazzini | Medicinae Professoris. | Ad | Illustrissimum, et Celeberrimum Virum | D. Guilielmum | Godifredum Leibnitium | Ser.mi Ernesti Augusti | Luneburgensium, et Brunsvicensium Ducis | Historiographum, et Consiliarum.* Mutinae, 1691. / Typis Haeredum Cassiani Impress. Episc. in 8°; vedi anche l'altra edizione, Mutinae, 1692. / Haeredum Cassiani Impress. Episc., in 8°.

[16] B.R., *De | Costitutionibus | Annorum | M.DC.XCII, XCIII, et XCIV | in Mutinensi Civitate, et illius | Ditione. | Dissertatio | Bernardini Ramazzini | Medicinae Professoris.* Mutinae, 1695. / Typis Antonii Capponi, et HH. Pontiroli, Impress. Episc., in 8°.

ma neppure sostiene, il rapporto tra i due fenomeni.

Sempre nel 1691, viene pubblicato il *Trattato fisico-idrostatico sulla meravigliosa origine delle fonti modenesi*[17] dove viene discussa la tecnica, molto antica, di escavazione dei pozzi modenesi, noti invece, anche oggi, come artesiani, dalla regione francese dell'Artois, dove pare che siano entrati in uso in epoca successiva rispetto a Modena. Ramazzini sostiene la intercomunicazione di quei pozzi e quindi l'unicità della falda, proprio per aver osservato personalmente, mentre i lavoratori la praticavano, che l'apertura di un nuovo scavo faceva decrescere rapidamente il livello dell'acqua nello scavo vicino.

Bernardino Ramazzini, annotando sistematicamente le letture della pressione atmosferica, ottenne dei dati contrastanti con quelli pubblicati da Borelli nel 1670. Nelle *Effemeridi barometriche modenesi*[18] descrive i materiali ed i metodi adottati nell'indagine, ed in particolare il barometro obliquo, quel tipo di barometro che consente di misurare anche le più piccole escursioni della colonna di mercurio; invenzione questa, pare, compiuta all'insaputa del fatto che l'inglese Samuel Morland avesse già messo in uso un simile strumento. Sulla base dei risultati prodotti confuta l'opinione prevalente secondo la quale il mercurio nel tubo torricelliano si innalzava quando c'erano nell'aria delle nuvole imbrifere e si abbassava dopo la caduta della pioggia. Alla pubbli-

---

[17] B.R., *De Fontium / Mutinensium / Admiranda scaturigine / Tractatus / Physico-Hydrostaticus / Bernardini Ramazzini / In Mutinensi Lyceo Medicinae Professoris. / Ad Serenissimum / Franciscum II / Mutinae, Regii &c. / Ducem X.* Mutinae, / Typis Haeredum Suliani Impressorum Ducalium, 1691.

[18] B.R., *Ephemerides / Barometricae / Mutinenses / Anni M.DC.XCIV. / Una / Cum Disquisitione Causae ascensus, / ac descensus Mercurii in Torri- / celliana fistula iuxta diver- / sum Aeris statum. / Bernardini Ramazzini M. P. / Ad Illustrissimum, et Celeberrimum Virum / D. Lucam Schrockium / Academiae Caesareo-Leopoldinae Naturae / Curiosorum Praesidem. / His accessere Epistolae Excellentissimorum DD. / D. Jo.: Baptistae Boccabadati / J.U.D. / et D. Francisci Torti / M.P.,* Mutinae, 1695. / Formis Antonii Capponi, ac H.H. Pontiroli, in 16°.

cazione fece seguito un dibattito molto vivace a cui parteciparono studiosi modenesi e tedeschi che si protrasse per molti anni e
venne concluso dall'intervento di Leibniz.

Un'altra ricerca svolta in maniera sperimentale, sul campo,
consente la pubblicazione sul *Petrolio di Montegibbio*[19]. L'autore
prende lo spunto da una relazione scritta nel 1460 da Francesco
Ariosto, all'epoca legale e Commissario di quella zona molto vi-
cina a Sassuolo, e ripubblicata da Oligero Jacobeo nel 1690 a Co-
penaghen; la discute e la integra sulla base delle sue osservazioni. Ramazzini aveva studiato il "petrolio" anche dal punto di
vista medico poiché l'Ariosto ne aveva vantato le proprietà tera-
peutiche, scrisse annotazioni geologiche sulla natura del terreno, prendendo in esame anche i luoghi vicini, ed in particolare i
pozzi di Monfestino e le salse di Nirano, e ricercò anche l'erba
"fumaria", che era stata segnalata in quella zona, e ne scrive sotto forma di lettera indirizzata all'abate Felice Viani, professore
di botanica a Padova. Anche in occasione di questa indagine
l'autore non manca di prestare la sua attenzione al lavoro degli
scavatori, soffermandosi a parlare della loro fatica e delle malattie delle quali soffrono.

IV. Bernardino Ramazzini fa menzione de *Le Malattie dei la-*
voratori, per la prima volta, in una lettera del 24 maggio del 1692
indirizzata al Magliabechi:

"Vo' lavorando attorno al *Trattato de morbis artificum*, ma bisognerebbe essere in una Città grande come Venezia, Paris, Lon-

---

[19] B.R., *Francisci | Ariosti | de Oleo | Montis Zibinii, | seu Petroleo Agri Mutinensis |
Libellus e Manuscriptis membranis editus | ab Oligero Jacobeo | Haffniae literis Reg.
Mai. et Univ. Typograph. | Jo: Bokenhorff, 1690. | Nunc autem ad fidem codicis M.S. ex
Biblio-|theca Estensi recognitus, et recusus, | adjecta ejusdem argumenti | Epistola | Ber-
nardini Ramazzini | Profess. Mutinen.* Mutinae, 1698, Typis Antonii Capponi, Epi-
scop. Impress., in 16°.

dra e simili, per fare osservazioni"[20].

Sempre dalle lettere al Magliabechi è possibile desumere altre notizie interessanti:

"Sbrigato che sarò di q.a. faccenda, voglio impiegare quell'ozio che potrò havere sopra il *Trattato de morbis artificum*, materia, ch'io sappia, per anche vergine, e così dar fine a q.a. mia vanità di far conoscere con le stampe le mie debolezze"[21];

"... avrei bisogno di riposarmi, il che forsi farò quando mi sarò sbrigato dell'opera del morb. artificum che sto per metterla q.o p.a sotto il torchio, ma con poca mia soddisf. e perché temo che non riesca com'ero figurato"[22];

"È terminata la stampa del *Opuscolo de' mali degli artefici*. Trà sette ò otto giorni debbo partire per andarmene a Padova per la mia lettura"[23].

Queste testimonianze ci fanno capire che il *Trattato delle malattie dei lavoratori*, pubblicato nella prima edizione a Modena nel 1700[24], è stato scritto nell'arco di almeno dieci anni, quelli

---

[20] Di Pietro P., (a cura di), *Epistolario di Bernardino Ramazzini*, cit., p. 134.

[21] Lettera del 16 aprile 1695 in Di Pietro P., (a cura di), *Epistolario di Bernardino Ramazzini*, cit., p. 179.

[22] Lettera del 20 giugno 1699 in Di Pietro P., (a cura di), *Epistolario di Bernardino Ramazzini*, cit., p. 229.

[23] Lettera del 22 ottobre 1700 in Di Pietro P., (a cura di), *Epistolario di Bernardino Ramazzini*, cit., p. 239.

[24] B.R., *De / Morbis Artificum / Diatriba / Bernardini Ramazzini / In Patavino Archi-Lyceo / Practicae Medicinae Ordinariae / Publici Professoris, / Et Naturae Curiosorum Collegae. / Illustriss., et Excellentiss. DD. Ejusdem / Archi-Lycei Moderatoribus / D. Mutinae, 1700 / Typis Antonii Capponi, Impressoris Episcopalis, in 16°*. Nel 1703 compare una seconda edizione ad Utrecht (*Ultrajecti*, Apud Guilielmum van de Water, Academiae Typographum) in cui la dedica ai Procuratori è sostituita con una lettera del tipografo. Nel 1705 il trattato viene pubblicato a Londra in lingua inglese (*A Treatise of the Diseases of Tradesmen, showing the various influence of particular Trades upon the State of Health; with the best Methods to avoid or correct it, and useful Hints proper to be minded in regulating the Cure of all Diseases incident to Trade-*

dell'ultimo decennio del secolo, ricco, per Ramazzini, di indagini geofisiche ed epidemiologiche, e terminato quando l'autore aveva 67 anni d'età ed oltre 40 di pratica medica; che l'autore era diventato famoso per meriti diversi che quello di avere scritto quel trattato, e per questi chiamato anche all'Università di Padova; che l'opera rappresenta, per Ramazzini un interesse culturale — derivante anche dall'originalità dell'argomento — e scientifico, ma probabilmente non quello principale, al quale non viene annessa importanza decisiva, almeno in riferimento alla sua ulteriore fortuna di medico e scrittore. Nel tentativo di meglio inquadrare l'origine ed alcuni caratteri del *Trattato delle malattie dei lavoratori* è opportuno richiamare altre vicende ed alcune considerazioni sulle quali si sono soffermati, più o meno estesamente, tutti i vari biografi di Ramazzini.

Il soggiorno, in qualità di medico condotto, durato circa quattro anni, nel Ducato di Castro, piuttosto che la pratica professionale di Carpi e di Modena, rivolta quest'ultima preferibilmente ad una clientela abbiente e di corte, deve avere stimolato in Ramazzini l'interesse per le malattie che colpiscono la gente più misera e gli artigiani.

Deve inoltre essere risultata di non poca importanza l'osservazione diretta dei lavoratori nel corso delle sue indagini geofisiche, almeno quanto l'altra osservazione, quella dei vuotatori di fogne, enfatizzata dallo stesso autore sino al punto di affermare che, grazie ad essa, aveva iniziato a scrivere il trattato. In maniera molto chiara Ramazzini dice che in occasione dello svuotamento del pozzo nero della sua abitazione si rese conto

---

smen. *Written in Latin by Bern. Ramazzini, Professor of Physick at Padua. And now done in English.* London, Printed for Andrew Bell, and others, 1705) ed a Lipsia in tedesco (*Bernh. Ramazzini, Prof. Publ. auf der Univ. zu Padua, Untersuchung von den Krankeheiten der Kunstler und Handwerker,* Verlag Johann Ludwing Gleditsch, 1705).

che il lavoratore si affannava a terminare con grande velocità quell'operazione; interrogatolo si sentì rispondere che lavorava con grande velocità soltanto per ridurre il tempo di esposizione a quelle esalazioni che provocavano in lui, ma anche in tutti quelli che facevano il suo stesso mestiere, delle gravi irritazioni oculari; che quando, subito dopo, tornava a casa doveva restare al buio sino al giorno successivo, lavando spesso gli occhi con acqua tiepida. Successivamente l'autore poté collegare questa esperienza con un'altra stimolata dalla prima, e cioè l'accertamento del fatto che soggetti i quali, avendo svolto in passato il mestiere di vuotatore di pozzi, erano ridotti alla cecità od alla semicecità e chiedevano l'elemosina per le strade.

In realtà, se si consulta la bibliografia sulle malattie degli artigiani, talvolta citata da Ramazzini nel suo *Trattato*, ci si rende conto che esistono certamente delle descrizioni di casi, di malattia in singoli lavoratori, specialmente di alcuni mestieri come, in particolare, quello del minatore di metalli. Nessuno, in precedenza, aveva associato un singolo mestiere e quindi tutti o la maggior parte del lavoratori che lo avevano praticato ad una o più patologie, ma principalmente nessuno aveva ricercato negli ambienti di lavoro le cause di quelle malattie e tantomeno si era preoccupato di discutere tecnicamente che quelle cause potessero essere rimosse od attenuate. Nessuno, infine, aveva teorizzato compiutamente che rimuovere o attenuare quelle cause di malattia poteva essere un vantaggio se non anche un dovere sociale. È stato opportunamente detto che:

"la concezione di Ramazzini, fiorita sull'onda di quell'impostazione meccanica, maturata nel Seicento ed estesasi pure al mondo della medicina al punto che diversi cultori di codesta disciplina furono detti 'iatromeccanici', disserra il 'secolo dei lumi', la cui cultura fonda il suo carattere fondamentale non tanto sul rapporto Uomo-Natura, e tanto meno su quello Uomo-Dio, quanto sul rapporto degli uomini tra loro, sulla regolazione della vita associata in base all'integrale razionalità delle scienze sperimentali trionfanti e secondo gli interessi di più vaste cerchie umane"[25].

Non sarebbe dunque possibile comprendere il processo innovativo nel campo scientifico e "politico", del quale Ramazzini con la sua opera è stato uno dei protagonisti, senza considerare le radici e le condizioni strutturali di quello stesso processo. Bernardino Ramazzini, ma anche la comunità scientifica ed i governanti illuminati della sua epoca, erano tutti convinti dell'importanza delle arti meccaniche per "il progresso della civiltà". La rivalutazione delle capacità sociali dell'uomo è progredita, dopo molti secoli, facendo assumere al lavoro ed ai lavoratori un ruolo prima impensato, capace anche di esprimere, se non ancora dei diritti, dei bisogni non più comprimibili che lo stesso Ramazzini delinea con precisione:

"Questo [aver scritto il trattato e migliorarlo nel tempo] è certamente un dovere da adempiere nei confronti dei lavoratori, dalla cui attività, quasi sempre estremamente faticosa e degradante, ma tuttavia necessaria, derivano tanti vantaggi a tutti gli uomini. Ciò è un debito, lo ripeto, dell'attività la più illustre di tutte, come Ippocrate definì la medicina nei *Precetti*, che 'cura anche gratuitamente e soccorre il povero'. Chiunque può valutare da sé quanti vantaggi i lavoratori manuali abbiano apportato a una vita più civile e può riflettere sulla differenza che intercorre tra gli europei e gli americani e le altre genti barbare del nuovo mondo".
[...]"Poiché dunque non solo nel passato, ma anche ai nostri

---

[25] PREMUDA L., *L'istanza sociale in Ramazzini pre-illuminista*, Med. Lav.,1983, 74: 433-441, p. 433.

tempi, nelle società ben regolate, sono state fissate delle leggi a vantaggio dei lavoratori, è altrettanto giusto che anche la medicina apporti il proprio contributo in favore e a sollievo di coloro che lo Stato si preoccupa di favorire e, con un impegno particolare che fino ad ora è stato assente, abbia cura della loro salute in modo che, per quanto è possibile, possano esercitare senza pericolo l'attività a cui si sono dedicati. Io, da parte mia, ho fatto tutto quello che pensavo fosse giusto fare e non mi sono sentito sminuito quando, per osservare tutte le caratteristiche del lavoro manuale, entravo nelle botteghe artigiane più modeste; d'altra parte in questa nostra epoca anche la medicina impiega osservazioni derivate dalla meccanica".

[...] "Dunque il medico che è chiamato a curare un lavoratore non deve, come fa di solito, sentirgli immediatamente il polso senza informarsi delle sue condizioni, né deve subito sentenziare sul da farsi; il medico, come fa il giudice, deve mettersi a sedere, anche su uno sgabello o una panca quando non trova, come succede nelle case dei ricchi, una sedia dorata. Deve parlare affabilmente con l'ammalato e saper decidere quando è necessario dare consigli medici o invece far prevalere atteggiamenti di comprensione e di pietà. Molte sono le domande che il medico deve rivolgere al malato o a coloro che l'assistono. Ippocrate nel *De Affectionibus* dice: quando sei di fronte ad un ammalato devi chiedergli di cosa soffra, per quale motivo, da quanti giorni, se va di corpo e cosa mangia. A tutte queste domande bisogna aggiungerne un'altra: che lavoro fa. Quando il malato è uno del popolo, questa domanda risulta importante, anzi necessaria, se non altro per individuare la causa della sua malattia. Succede raramente, nella pratica, che il medico faccia questa domanda agli ammalati. Ma anche quando, per un qualche motivo, è a conoscenza del tipo di lavoro svolto dall'ammalato, il medico non ne tiene conto, compromettendo con ciò l'efficacia della cura"[26].

Il Ramazzini, preliminarmente, distingue in due classi principali i fattori di rischio per i lavoratori: una prima, più comune,

---

[26] B.R., *Le Malattie dei lavoratori (De Morbis artificum diatriba)*, a cura di F. Carnevale, La Nuova Italia Scientifica, Roma 1982, p. 43.

rappresentata dalla pessima qualità delle sostanze manipolate e da quanto da esse si libera durante il lavoro, una seconda, da individuare nei movimenti compiuti e nelle posizioni mantenute per un tempo troppo prolungato. Adotta inoltre, per ognuno dei mestieri considerati, un metodo di indagine e di esposizione abbastanza standardizzato: descrizione della tecnologia e delle materie prime; esame condotto con criteri precisamente clinici dei lavoratori oggetto della sua osservazione e di quelli che hanno praticato quel mestiere in passato; rassegna della letteratura esistente; discussione della terapia individuale, delle misure personali di protezione e delle bonifiche ambientali; proposta di norme di buona tecnica, di comportamento personale e sociale per ognuno ed anche per i governanti in sostituzione di quelle tradizionali e non più adeguate. Ognuno dei capitoli, di dimensione variabile in relazione alla complessità dei temi in esame, è scritto in maniera chiara, con un linguaggio non privo di eleganza, solo di rado ricercato, arricchito da frequenti citazioni che spaziano in tutti i campi dello scibile, con note ora umoristiche, ora sarcastiche e talvolta tragiche.

All'inizio del trattato vengono considerati i minatori di minerali e tutti quelli che impiegano i metalli nelle officine; i minatori, ci ricorda Ramazzini, hanno sempre avuto una triste sorte, ai tempi dei Romani erano gli schiavi a fare i minatori, con la testa per metà rasata per poterli distinguere dai fuggitivi che la avevano rasata del tutto e, per un periodo, i vescovi ed i diaconi cristiani; cita Agricola, il quale aveva scritto che sui Carpazi si incontravano donne che avevano avuto 7 mariti tanto erano frequenti le morti dei loro giovani mariti minatori; la testimonianza di Ramazzini è altrettanto desolata:

"Non credo che i minatori oggi, nonostante siano ben coperti e

176

nutriti con vitto adeguato, siano di aspetto molto più curato; per lo squallore del luogo e la carenza di luce, escono all'aria aperta come se fossero della famiglia dei morti. Qualunque sia il minerale estratto, i minatori vengono colpiti da gravissime malattie che resistono a ogni tipo di cura, anche se somministrata secondo tutte le regole.

C'è da chiedersi, comunque, se si debba considerare un'opera pietosa concedere a questo genere di lavoratori il soccorso della medicina e prolungare loro una vita di miseria"[27].

A proposito dei minatori, ma anche dei doratori, dei vasai e dei ceramisti, degli stagnai, dei vetrai — per i quali riferisce alcune notizie trasmessegli da un suo corrispondente da Venezia —, dei fabbricanti di specchi, descrive sinteticamente dei quadri di intossicazione da metalli e principalmente da mercurio e da piombo; quest'ultima viene richiamata esplicitamente descrivendo il pallore e la melanconia del Correggio ed il clamoroso caso del pittore di Angers di Fernel:

"Prima ebbe tremori alle dita delle mani, poi convulsioni che passarono anche alle braccia, poi ai piedi, alla fine cominciò ad essere tormentato da un forte dolore allo stomaco e ai due ipocondri e non gli erano di alcun sollievo né clisteri, né fomentazioni, né bagni, né alcun genere di rimedio. Durante la colica, l'unico modo di aiutarlo era che tre o quattro uomini, con tutto il loro peso, premessero sul ventre, infatti con l'addome così compresso sentiva meno dolore. Alla fine, dopo aver sofferto atrocemente per tre anni, morì di marasma"[28].

Molti lavoratori riportano gli effetti dell'esposizione a grandi quantità di polveri, si tratta di coloro che lavorano col gesso e con la calce, lavoratori del tabacco, fornai e mugnai, scalpellini,

---

[27] *ibidem*, p. 46.

[28] *ibidem*, pp. 66-67.

cardatori di lino, di canapa e di cascami di seta. Ramazzini per combattere le polveri consiglia di lavorare in ambienti molto ampi, di rivolgere la schiena al vento, lavarsi spesso viso e bocca con acqua ed aceto e, infine, abbandonare il mestiere se minacciati da una malattia polmonare incipiente. In questo gruppo sono stati inseriti gli Ebrei, perché a quel tempo, almeno a Modena, molti di loro facevano i cenciaioli. Tra i fornai, dice il Ramazzini, oltre che l'asma bronchiale come nei contadini che inalano cereali e vegetali ammuffiti, è molto frequente

"il valgismo delle gambe, cioè le gambe diventano storte all'infuori, come nei granchi e nelle lucertole. Infatti, almeno nelle regioni al di qua e al di là del Po, per impastare viene usata una tavola solida o una panca con tre piedi, alla cui estremità è fissato un palo di legno di forma conica che si può muovere in tutti i sensi; un fornaio, sistemata una grande quantità di pasta sotto il palo, vi esercita pressione con grande sforzo di braccia e di ginocchia mentre un altro la rivolta. Nel fare questi movimenti, le gambe si torcono all'infuori perché viene sollecitata la parte più debole dell'articolazione del ginocchio. Tale destino è inevitabile; anche i lavoratori giovani e robusti diventano subito valghi e, con l'andar del tempo, zoppi"[29].

Un altro gruppo di lavoratori (quelli delle saline, i tintori, quelli che vuotano le fogne, i vinai, i birrai, i distillatori di acquavite, e i fabbricanti di sapone) è, secondo Ramazzini, esposto ad esalazioni di vario genere, gas e vapori capaci di danneggiare la loro salute. I gualcatori o follatori sono dei lavoratori che nell'antichità, ma anche ai tempi di Ramazzini, impiegavano urina putrefatta con acqua tiepida e sapone per sbiancare e o per far svolgere una azione mordente prima della tintura porporea delle stoffe di lana; nelle botteghe dove si svolgevano tali fasi lavorati-

---

[29] *ibidem*, p. 127.

ve, vi erano alcune botti nelle quali tutti i lavoratori erano obbligati ad urinare. Questo genere di lavoratori, dice Ramazzini,

"stando tra questi disgustosi odori di urina putrefatta e di olio, in un ambiente caldo e spesso seminudi, diventano quasi tutti cachettici, pallidi, afflitti dalla tosse e dal vomito"[30].

Nello stesso gruppo sono collocati coloro che producono olii, i conciatori, i cernitori, i misuratori di grani ed i becchini; a questi ultimi l'autore dedica uno speciale capitolo perché dice:

"è giusto preoccuparsi della salute dei becchini la cui opera è tanto necessaria; è giusto dal momento che sotterrano i corpi dei morti insieme agli errori dei medici. È giusto che la medicina contraccambi, per quanto può, l'opera svolta dai becchini nel salvaguardare la reputazione dei medici"[31].

Ramazzini non dimentica, tra le categorie di lavoratori che esercitano attività di grande utilità sociale, le levatrici e le nutrici.

Nel *Trattato* viene riservata grande attenzione alle forme morbose di particolari organi ed apparati conseguenti ad attività lavorative che interessano questi ultimi in maniera eccessiva oppure li costringono in atteggiamenti o posture prolungate e non fisiologiche. Vengono considerati coloro che lavorano in piedi, che fanno lavori sedentari, quelli che fabbricano oggetti molto piccoli, come gli orefici e gli intagliatori, lacchè, calzolai, sarti, vasai e tessitori, facchini, atleti, maestri di dizione e cantanti; Ramazzini ricorda, con buon effetto esplicativo, come Caio Mario divenne varicoso perché era sempre in stazione eretta in mezzo al suo esercito e come i cortigiani spagnoli si lamentas-

---

[30] *ibidem*, p. 88.
[31] *ibidem*, p. 101.

sero delle stesse sofferenze perché in quella corte non esistevano le sedie; egli ci fa presente che

"ci vuole alternativa nei movimenti, tra riposo ed esercizio, è la natura che richiede il cambiamento; non è forse vero che gli ebrei, dopo aver mangiato per molto tempo la manna del cielo, avevano tanta voglia di aglio e di cipolle d'Egitto?".
[...]"Viene da ridere nel vedere sarti e calzolai, durante alcune loro feste solenni, quando vanno per la città a coppia in processione, oppure quando accompagnano qualche loro morto alla sepoltura; è buffo vedere uno spettacolo di gobbi, di curvi, di zoppi che si piegano ora da una parte ora dall'altra, come se fossero stati scelti tutti eguali per una recita"[32].

Il tenore di vita a cui debbono soggiacere alcune categorie sociali, rappresenta esso stesso un rischio per la salute fisica a cui fanno seguito dei danni spesso non trascurabili, tali sono i soldati, i contadini, i pescatori. Due ulteriori gruppi sociali sono richiamati da Ramazzini in speciali *Dissertazioni*, i letterati e le vergini religiose. I primi, ai quali sono assimilate altre professioni liberali e intellettuali che tuttavia, in quanto a rischi e salute mantengono una propria specificità, secondo Ramazzini, debbono guardarsi dal tenore di vita sedentario e dall'influenza di alcuni fattori psichici:

"...si dedichino dunque allo studio con la moderazione dettata da una guida irreprensibile, e non siano così esclusivamente applicati a coltivare la propria anima da trascurare la cura del corpo, ma si mantengano in equilibrio come nel mezzo di una biga, in modo che anima e corpo, in una convivenza fedele di ospite ed albergatore, si scambino tra di loro i servigi e non si logorino vicendevolmente"[33].

---

[32] *ibidem*, p. 150.

[33] *ibidem*, p. 197.

Quella dei letterati è una *Dissertazione* che, più di altri capitoli, consente di valutare il sostanziale apporto che il nostro autore ha saputo dare ad un argomento in termini di sintesi, di efficacia, ma anche di concetti innovativi; è sufficiente procedere ad un raffronto con le molte altre trattazioni svolte nelle diverse epoche sullo stesso argomento, sia con quelle precedenti alla sua, come è l'opera *Come salvaguardare la salute dei letterati* di Marsilio Ficino[34], sia con quelle successive[35]. Nel caso delle vergini religiose, che l'autore conosce molto bene per essere stato medico in alcuni conventi, viene fatta (nel *Supplemento*) una disamina molto attenta delle costrittività e delle cose "al di là della natura" alle quali sono sottoposte; alle religiose Ramazzini consiglia, tra le altre cose, che

> "si guardino dunque, per quanto possono, dalle passioni, principalmente dall'ira e le soffochino prontamente come si fa con il serpente quando ancora è nell'uovo. Tuttavia non vorrei che raggiungessero uno stato di apatia, come un tempo certi filosofi; questo infatti non si addice alla generosità delle vergini; le passioni possono avere un loro buon corso, solo però se si vuole indirizzarle in modo giusto"[36].

Ramazzini nel 1713, a Padova, curò una nuova edizione del *Trattato delle malattie dei lavoratori*[37] aggiungendo ai precedenti

---

[34] MARSILIO FICINO, *De vita*, a cura di A. Biondi e G. Pisani, Edizioni Biblioteca dell'Immagine, Pordenone 1991.

[35] PUJATI G.A., *Della preservazione della salute de' letterati, e della gente applicata e sedentaria*, 1768; TISSOT S.A., *Della salute dei letterati*, Casa Editrice Giardini, Pisa 1963.

[36] B.R., *Le Malattie dei lavoratori (De Morbis artificum diatriba)*, a cura di F. Carnevale, cit., p. 233.

[37] B.R., *De / morbis / Artificum / Bernardini Ramazzini / in Patavino Gymnasio / Practicae Medicinae Professoris / Primarii / Diatriba / Mutinae olim edita. / Nunc accedit supplementum ejusdem / argumenti, / ac Dissertatio / de / Sacrarum Virginum / valetu-*

41 capitoli un *Supplemento* che ne comprende altri 13 (stampatori, scrivani e copisti, quelli che fanno i confetti di semi nelle botteghe degli speziali, tessitori e tessitrici, ramai, falegnami, affilatori di rasoi e di lancette da salasso, fabbricanti di mattoni, scavatori di pozzi, marinai e rematori, cacciatori, fabbricanti di

dine tuenda. Patavii 1713 / per Jo: Baptistam Conzattum, in 16°. Le due *Dissertazioni* sulla salute dei letterati e delle vergini religiose hanno avuto anche edizioni a parte. Della seconda fu fatta una traduzione in francese, nel 1724, e da questa la versione tedesca nel 1740; una versione in inglese è del 1964 (In: MeiKlejohn A. and Curran A.P., *A Dissertation on the Care of Health of Nuns*, Medical History, 8:371-375, 1964) ed è stata ristampata in seguito in Occup. Health, 17: 59-65, 1965 ed in J. Occup. Med., 7: 516-520, 1965. *La salute dei letterati* è stata tradotta in italiano nel 1922 (Volgarizzamento del Dottor Emilio Masi pubblicato col testo latino per cura del Comitato Esecutivo del V Congr. Naz. di Med. del Lav., Firenze 11-14 giugno 1922). Le edizioni successive al 1713 della *Diatriba* sono numerose in ogni paese, un elenco sicuramente incompleto è il seguente: 1718, Lipsia (traduzione in tedesco); 1724, Leida (traduzione in olandese); 1724, Leida (traduzione parziale in francese); 1725, Londra; 1740, Parigi (traduzione parziale in francese), 1740, Lipsia e Lauban (traduzione in tedesco dalla traduzione francese); 1743, Venezia; 1745, Venezia (prima traduzione italiana curata dall'abate Chiari di Pisa, Appresso Domenico Occhi); 1745, Padova; 1746, Londra (traduzione in inglese); 1750, Londra (traduzione in inglese); 1764, Upsala (traduzione parziale in francese); 1777, Parigi (traduzione in francese di M. de Fourcroy); 1778, Parigi (ristampa della traduzione del 1777); 1778, Vienna (edizione parziale); 1780-1783, Stendal (nuova traduzione in tedesco); 1821, Milano (ristampa della traduzione italiana del 1745); 1822, Parigi (nuova traduzione francese di Ph. Patissier); 1823, Ilmenau (traduzione in tedesco da quella francese del 1822); 1841, Parigi (ristampa della traduzione del 1778); 1842, Napoli (seconda traduzione italiana su l'ultima edizione di Lipsia per cura di Luigi Albanese, Tip. Filiatre-Sebezio); 1842, Parigi (ristampa di quella del 1841); 1845, Venezia (terza traduzione italiana di M.G. Levi da quella francese di de Fourcroy, co' i tipi di Giuseppe Antonelli); 1855, Parigi (ristampa di quella del 1841); 1857, Venezia (traduzione delle edizione francese di de Fourcroy, coi tipi di Marco Zanotto); 1904, Lipsia (traduzione parziale in tedesco); 1908, Milano (traduzione con note in italiano di G.M. Levi da quella francese di de Fourcroy); 1928, Budapest; 1933, Torino (quarta traduzione italiana di O. Rossi, Edizioni Minerva Medica); 1933, Torino (traduzione francese di O. Cretton, Edizioni Minerva Medica); 1933, New York (traduzione in inglese dal francese di, Medical Lay Press); 1940, Chicago (traduzione in inglese di W.C. Wright, University of Chicago Press); 1953, Roma (con introduzione di A. Pazzini, Ex Typographia Caroli Columbi); 1961, Mosca (traduzione in russo di A.A. Letavet); 1964, Londra e New York (traduzione in inglese di W. C. Wright, introduzione di G. Rosen, Hafner Publishing Company); 1982, Roma (quinta edizione italiana a cura di F. Carnevale, edita dalla Nuova Italia Scientifica); 1986, Madrid (traduzione spagnola, edita dal Ministero della Sanità).

sapone). Per motivi che ci sfuggono, in questa nuova edizione non è più presente il capitolo sui muratori, mentre permane l'omissione del capitolo VIII. I nuovi capitoli risultano più concisi e più poveri di citazioni.

V. Nel corso della sua vita universitaria Bernardino Ramazzini ha pronunciato 16 *Orazioni* inaugurali, una a Modena e tutte le altre a Padova. La serie completa delle *Orazioni* viene pubblicata soltanto nell'edizione del 1718 dell'*Opera Omnia*[38]; in precedenza, alcune, non tutte, erano state pubblicate isolatamente, mentre 4 compariranno postume; 7 *Orazioni* sono comparse a stampa, assieme, nel 1708[39]. Queste prelezioni universitarie, generalmente di contenuto filosofico, alle volte avevano un carattere occasionale, come la prima, pronunciata il 5 novembre 1682 per la restaurazione dello Studio di Modena; in essa vengono esaltati la cultura ed i nomi dei dotti modenesi di tutti i tempi e lodato il duca Francesco II d'Este, restauratore dello Studio che era sorto nel 1175 come Studio Comunale.

L'*Oratio Saecularis*, del 12 dicembre 1700[40], è sostanzialmente un'esposizione del progresso della medicina nel corso del Seicen-

---

[38] B.R., *Bernardini / Ramazzini / Carpensis / Philosophi, ac Medici, / Primum in Mutinensis Academia, Postremo in Patavino Lyceo / Practicae Medicinae Professoris Primarii, / Opera Omnia, / in quatuor Tomos divisa. / Editio Novissima Genevae auctior, et / correctior.* Patavii, 1718. / Ex Typographia Jo: Baptistae Conzatti, in 16°. Le edizioni successive dell'*Opera Omnia* seguono sostanzialmente questa edizione padovana del 1718: 1718, Londra (P. et I. Vaillant, terza edizione londinese); 1730, Napoli (Poletti); 1739, Londra (P. et I. Vaillant, quarta edizione londinese); 1739, Napoli (Ponzelli); 1742, Londra (P. et I. Vaillant, quinta edizione londinese); 1742, Napoli (?); 1750, Napoli (Poletti); 1750, Londra (?); 1828, Lipsia (Voss).

[39] B.R., *Orationes / Jatrici Argumenti / Quas / In Patavino Gymnasio Pro Anniversaria Studiorum / Instauratione / Habuit / Bernardinus / Ramazzinus / Practicae Medicinae Professor / Illustrissimis, et Excellentissimis D.D. / Ejusdem Gymnasii Moderatoribus / D.* Patavii, 1708. / Ex Typographia Vid. Frambotti, / Et Jo: Baptistae Conzatti, in 16°.

[40] B.R., *Bernardini / Ramazzini / Carpensis / Philosophi, ac Medici, / Primum in Mutinensis Academia, Postremo in Patavino Lyceo*, 1718, cit.

to; Ramazzini in quest'opera rileva l'importanza dei tempi nuovi ed enuncia il programma dei suoi studi e del suo nuovo insegnamento. Dopo aver esaltato le glorie dell'Università di Padova, citando Acquapendente, Casserio, Aselio, Harvey (del quale, dice Ramazzini, che la fama durerà quanto il moto del sangue), parla di altri scienziati italiani e stranieri ed in modo particolare di Borelli (mai abbastanza lodato, secondo l'autore, per le leggi geometriche del moto muscolare) ed approfondisce l'importanza degli esperimenti nell'ambito della nuova ricerca medica. Parla dell'importanza degli studi biologici ed istologici evocando la figura di Malpighi e di Santorio, vanta i risultati della chimica e la necessità che l'occhio dello scienziato, con l'aiuto del microscopio, studi la vita delle piante, la loro morfologia e fisiologia. Allo stesso modo, conclude, noi dobbiamo affaticarci nello studio, in infiniti esami, in continui esperimenti per cercare di risolvere i più grandi come i più piccoli problemi.

Le altre *Orazioni* sono, "tutte originali per la scelta dell'argomento, dense di pensiero, ricche di dottrina, armoniche, chiare, eleganti nella forma"[41]. In quella pronunciata il 13 maggio 1709, quando Ramazzini passa alla cattedra primaria di Medicina pratica, viene illustrata l'influenza del clima, particolarmente freddo nei mesi precedenti[42].

Argomenti di igiene sociale sono discussi nell'*Orazione* del 9 novembre 1711 a partire dalla epizoozia bovina che, importata dalla Dalmazia, imperversava nella campagna padovana e nelle regioni vicine. L'autore individua nell'animale ammalato la fonte del contagio smontando le ipotesi legate al pascolo, all'aria, o al-

---

[41] MAGGIORA A., *L'opera igienica di Bernardino Ramazzini*, Società Tipografica Modenese, Antica Tipografia Soliani, Modena 1902, p. 34.

[42] B.R., *Bernardini / Ramazzini / Carpensis / Philosophi, ac Medici, / Primum in Mutinensis Academia, Postremo in Patavino Lyceo*, 1718, cit.

l'influsso degli astri e, coerentemente, esprime l'opinione che le carogne degli animali morti a causa di quella malattia debbano essere seppellite nel terreno, in profondità. È in questo contesto che l'autore pronuncia una sentenza che avrà grande fortuna:

> "*Longe praestantius est praeservare quam curare, sicuti satius est tempestatem praevidere ac illam effuggere quam ab ipsa evadere*"[43].

Nell'*Orazione* del 20 novembre 1713 vengono descritti una malattia epidemica insorta a Vienna, che aveva colpito in maniera particolare gli strati più poveri della città ed i provvedimenti di carattere igienico messi in atto dal Senato Veneto per evitare che il contagio arrivasse nei territori della Repubblica[44].

LE OPERE DEL PERIODO PADOVANO

VI. Nel periodo padovano, oltre che pubblicare una nuova edizione del *Trattato delle malattie dei lavoratori*, le *Orazioni* e la ristampa di altre sue opere, Ramazzini diede alla luce nuovi lavori: nel 1710 lo scritto *La Salute dei Principi* seguendo alcuni dei criteri adottati per la stesura dei capitoli sulla salute dei lavoratori[45], nel 1714 una dissertazione *Sull'Abuso della china*, aggiunta alla ripubblicazione delle *Costituzioni Epidemiche*[46] e, nello stesso anno, quello della morte, il *Commento sull'elogio della vita sobria di Alvise*

---

[43] *ibidem.*

[44] *ibidem.*

[45] B.R., *De / Principum / valetudine / tuenda / Commentatio / Bernardini Ramazzini / in Patavino Gymnasio Practicae Medicinae / Professoris Primarii / Serenissimo Mutinae Principi / Francisco Estensi / dicata.* Patavii, 1710. / Ex Tipographia Jo: Baptistae Conzatti, in 8°. Lo stesso editore pubblicherà una nuova edizione nel 1717, in 16°.

[46] B.R., *Constitutionum / Epidemicarum / Mutinensium / Annorum quinque / Editio secunda / Bernardini Ramazzini / in Patavino Gymnasio Practicae Medicinae / Professoris Primarii / Accedit / Dissertatio epistolaris / de / Abusu Chinae Chinae / ad / D. Bar-*

Cornaro[47]. La dissertazione *Sull'Abuso della china* è sotto forma di lettera indirizzata al nipote Bartolomeo; l'autore non ammette che dei farmaci possano essere somministrati in maniera indiscriminata, egli è convinto fautore dell'uso della radice di china nelle febbri intermittenti per le quali ha avuto modo di riconoscere i benefici e quindi la specificità del farmaco, ma si erge contro l'uso invalso in quegli anni, di prescrivere quel farmaco in ogni caso di febbre. L'autore, non senza una coerenza teorica e sperimentale, trasferisce alla china, la stessa condotta di comportamento che, a più riprese e con ampie motivazioni, aveva sostenuto a proposito dell'abuso del salasso da parte di medici e cerusici, i quali, costantemente armati di flebotomo, suggerivano a Ramazzini l'immagine di coloro che sono capaci di mietere vittime innocenti, piuttosto che combattere le malattie. È stato dimostrato in seguito che la china è sicuramente attiva nelle febbri intermittenti di tipo malarico, ma anche che essa è dotata di una generica azione antipiretica. I commenti ramazziniani sulla china provocarono la risposta di Torti che comparve, però, dopo la morte del nostro autore[48].

Poco tempo prima di morire Bernardino Ramazzini dà alle stampe il *Commento sull'elogio della vita sobria di Alvise Cornaro*, un lavoro eseguito nelle ore libere dagli impegni, "per propria soddisfazione e per pubblica utilità" e dedicato a Domenico Barbaro, patriarca di Aquileia. Il Cornaro, il cui vero nome era Cornèr, aveva pubblicato in lingua volgare, nel Cinquecento, un fortunato

tholomaeum Ramazzini / Mutinae Medicinam Facientem. Patavii, 1714. / Ex Typographia Jo: Baptistae Conzatti, in 16°.

[47] B.R., *Annotationes / in librum / Ludovici Cornelii / de / vitae sobriae / commodis / Bernardini Ramazzini / Practicae Medicinae in Patavino Gymnasio / Professoris Primarii. / Serenissimo Principi / Clementi Joanni / Federico / Estensi / dicatae.* Patavii, 1714, / Ex Typographia Jo: Baptistae Conzatti, in 8°.

[48] Di Pietro P., *Bernardino Ramazzini nel CCCL anniversario della nascita: 1633-1983,* cit., p. 24.

Discorsi sulla vita sobria; questi, un gentiluomo veneziano con abitudini di vita irregolari, come un suo fratello che era morto giovane, si era ammalato di gotta a 35 anni e ne guarì soltanto dopo aver assunto un modo regolare di vivere. Sentitosi rinascere anche moralmente, decise di rendersi utile all'intera umanità e si diede allo studio dell'agricoltura realizzando importanti opere di bonifica nella campagna veneta, costruendo buone abitazioni per i suoi contadini con i quali conviveva per la maggior parte dell'anno, preoccupandosi direttamente della loro istruzione. Visse sino a tarda età conscio di godere della felicità che deriva da una buona salute congiunta ad una vita operosa, retta e benefica e per far proseliti alla sua dottrina scrisse il suo libro con un assunto molto chiaro:

"la sobrietà è l'unica e perfetta soluzione ai mali fisici e psichici dell'uomo, perché da essa derivano la serenità e l'allegria ed è allontanata la paura della morte e del giudizio finale"[49].

Ramazzini ripubblicò il testo di Cornaro nella traduzione latina di Padre Lessio[50] facendolo seguire, paragrafo per paragrafo, da sue annotazioni mediche e letterarie,

"migliorandolo notevolmente, correggendo le inesattezze e le esagerazioni, nelle quali il Cornaro, come non medico, era inevitabilmente caduto, dando in tal modo, al libro, l'intonazione di un vero trattato scientifico di igiene individuale, che reso in buon latino e sotto l'egida dell'autorevolezza di Ramazzini, guadagnò sicuramente un grande numero di lettori, come lo dimostrano le successive edizioni apparse in Italia e fuori"[51].

---

[49] ALVISE CORNARO, *Scritti sulla vita sobria, elogio e lettere*, Prima edizione critica a cura di M. Milani, Corbo e Fiore Editori, Venezia 1983.

[50] LESSIO L., *L'arte di godere sanità perfetta*, Sonzogno, Milano 1910.

[51] MAGGIORA A., *L'opera igienica di Bernardino Ramazzini*, cit., pp. 39-40.

LA SALUTE DEI PRINCIPI

Ramazzini nel 1710, quando aveva 77 anni, terminò la dettatura e fece pubblicare a Padova, presso Conzatti, il suo abituale stampatore, il *De Principum valetudine tuenda Commentatio*[1]; ma lo fa a sue spese, stante il rifiuto dell'editore motivato dal fatto che, come dice l'autore con ironia, rivolgendosi al lettore, i medici comprano solo opere di terapia e non quelle igieniche. Di questa sua opera parla in più occasioni nelle lettere, la prima volta al nipote Bartolomeo in data 28 agosto 1709,

"...Ho cominciato ad applicare, all'impegno che ho preso dell'Opera da dedicarsi al Ser.mo Prencipe, quale sarebbe di mio genio, mà bisognerebbe che havessi la vista di prima, per fare la ricerca sui libri di quelle cose che ho per la mente, mà s'andiamo acostando al principio dei studij ed è necessario applicare a un altra Prefazione e Lezioni..."[2].

Il 14 ottobre dello stesso anno così scrive a Magliabechi

"... Io mi trovo in qualche necessità di ricorere a' suoi favori, io

[1] B.R., *De / Principum / valetudine / tuenda / Commentatio / Bernardini Ramazzini*, 1710, cit.

[2] DI PIETRO P., (a cura di), *Epistolario di Bernardino Ramazzini*, cit., p. 277.

vo' lavorando, due mesi sono, attorno un opera, che sarebbe di mio genio per havere qualche novità mà per essere capace di molt'erudizione ed Istoria, e per non haver il solito Beneficio della mia Vista per poter rivoltar i Libri mi trov'a' mal partito ed ho' l'impegno di tirar avanti per dedicarla al Ser.mo Prencipe Francesco primogenito del Sig.r Duca nostro. Il Titolo dell'opera è *Principum valetudine tuenda*. Non sò che veruno habbia trattato questa materia particolare; sò che M.o Ficino fù a dar fuori un opuscolo *Studiosorum sanitate tuenda*; il Plempio hà fat'un opera *Togatorum valetudine tuenda* ed è venut'anch'a' me in pensiero di far un trattato *Principum valetudine tuenda* mà sarebbemi necessario havere dei Documenti dei Prencipi sì antichi come moderni per andarli interserendo nell'opera per darli qualche vaghezza. Onde tal volta nel proseguimento di questa mia fatica anderò supplicando V.S. Ill.ma à suggerirmi delle notizie, del modo ch'hanno tenuto di vivere, nel uso delle cose, che gli Medici chiamano non naturali, cioè *a aerem cibum potum sumnum et vigilias motum et quietem, excreta et retenta, et animi patemata...*"[3].

L'8 giugno dell'anno successivo dice al suo nipote:

"...Io vo lavorando attorno all'Opera *De Principum &*, per porla sotto il Torchio quest'altro mese, quest'opera mi dà molto da faticare, perché nell'andare operando sempre mi sovvengono nove cose..."[4];

ed ancora, allo stesso, il 3 maggio 1711,

"...Ho consegnato al sudetto Padre Abbate un Invoglio di 6 copie del mio libro *De Principum valetudine*. Vi prego di mandarne uno al Sig.r D. Blesi à Carpi quale intendo esser rimpatriato. Consegnai parimenti altri 6 copie ad un Ebreo, che veniva a coteste parti. Ne potrete dare 3 ò quattro Copie al Capponi à ven-

---

[3] *ibidem*, p. 278.

[4] *ibidem*, p. 289.

dere e il suo prezzo sia di 3 Lire di moneta di Modana..."[5].

Maggiora, valorizzando una serie di indizi, esprime il parere che quando il nostro autore, nelle vacanze estive, da Padova tornava a Modena, più spesso per via fluviale,

> "...gli venivano usate molte cortesie dal Duca e dalla famiglia ducale; ed egli, per mostrare la sua gratitudine, scrisse il volumetto *De Principum valetudine tuenda*..."[6],

che dedicò al principe ereditario Francesco d'Este, figlio del duca allora regnante Rinaldo, e che a sua volta regnò poi, dal 1737 al 1780, con il nome di Francesco III.

L'editore aveva fatto male, in quel caso, i suoi conti, l'opera ebbe una discreta fortuna perché ne venne dato un giudizio favorevolissimo, come risulta dagli *Acta Eruditorum Lipsiae* del 1710[7], e perché

> "...tutti i medici personali dei principi di allora, che erano molti, lo studiarono e Lancisi, medico del papa Clemente XI, lo chiamò d'oro"[8].

Nel 1711, un anno dopo, il volumetto fu stampato a Lipsia "iuxta exemplar excusum Patavii"[9] e nel 1712 a Utrecht con una

---

[5] *ibidem*, p. 297.

[6] Maggiora A., *L'opera igienica di Bernardino Ramazzini*, cit., p. 38.

[7] *ibidem*, p. 40.

[8] Ranelletti A., *Bernardino Ramazzini*, Atti del IV Congr. Naz. per le Malat. del Lav., pp. 285-304, Roma 8-11 giugno 1913, [1913], p. 291.

[9] B.R., *Bernardini Ramazzini / In Patavino Gymnasio Practicae Medi-/cinae Professoris Primarii, / De / Principum / Valetudine / Tuenda / Commentatio, / Dicata / Serenissimo Mutinae Principi / Francisco Estensi. / Accesit praeter Indicem Rerum / Vita Autoris et nova Praefatio / Michaelis Ernesti Ettmulleri, / Philos. et Med. D. Anatomiae et Chir. Prof. Publ. / Extraord. Facultatis Medicae Lipsiens. Assess. et / Academiae Naturae Cu-*

prefazione di Ertmuller e con notizie biografiche sull'autore[10]. Sono state citate inoltre una edizione patavina del 1713 ed una veneziana del 1743, ma nessuna delle due è stata rinvenuta da Di Pietro nel corso delle sue ricerche[11]. Il *De Principum valetudine tuenda* viene ripubblicato a Padova nel 1717 dallo stesso stampatore della prima edizione ed a Leida nel 1724, in versione francese, assieme ad altre opere di Ramazzini, senza nome né dell'autore, né del traduttore[12].

Il giudizio complessivo che Maggiora formula su questa opera di Ramazzini è sostanzialmente condivisibile, specialmente da parte di chi ha avuto l'opportunità di leggere il testo, operazione quest'ultima compiuta, almeno negli ultimi due secoli, da pochi, considerando anche il fatto che il volumetto non è stato oggetto di traduzioni in nessuna delle lingue moderne, ad eccezione di quella versione francese tanto insoddisfacente quanto introvabile;

> "...io inclinerei a credere che chi volle considerarlo opera di cortigiano, forse, essendo persona di sistema nervoso eccitabile, spaventato dal titolo del libro, non procedette oltre nella lettura. In esso con forma elegante e cortese, senza adulazione, con la franchezza dello scienziato e del vecchio educatore, che ha cresciuto all'operosità ed allo studio molte generazioni di medici,

---

rios. Collegae.. [Lipsiae] Iuxta exemplar excusum / Patavii / Sumptibus Jo. Frider. Gleditsch / 7 Fili. Bibliopol. Lips. /1711, in 16°.

[10] B.R., *Bernardini Ramazzini ... de Principum valetudine tuenda Commentatio. Accessit ... vita Autoris et nova praefatio M.E. Ettmulleri ... Trajecti ad Rhenum*, apud Abrahamum a Thiel, 1712.

[11] DI PIETRO P., *Bibliografia di Bernardino Ramazzini*, cit.

[12] *L'art de conserver / la Santé / des Princes / et des Personnes du Premier Rang. / Auquel on a ajouté, / l'Art de conserver / la Santé / des Religieuses, / et / les avantages / de la vite sobre / du Seigneur Louis Cornaro / Noble Venitien / Avec des Remarque sur se Dernier, / aussi Courieuses, que Necessaires*, 1724 à Leide / Chez Jean Arn. Langerak, / in 16°.

sempre e solamente insegnando quel ch'egli è convinto essere la verità; il Ramazzini dà al giovane principe una serie di sani e preziosi consigli igienici e morali, i quali rendono il libro non so se più pregevole come studio di igiene personale e professionale oppure come trattato educativo e confermano sempre meglio il fatto che l'educazione igienica ed educazione morale sono così indissolubilmente unite tra di loro da non potersi l'una senza l'altra concepire"[13].

Il fine, dichiarato, che Ramazzini vuole raggiungere con questo volumetto è sostanzialmente lo stesso di quello annesso a *Le Malattie dei lavoratori*; egli, animato da una certa dose di compassione, di simpatia, di spirito di collaborazione per il prossimo, inteso come ognuna delle categorie attive della società, tutte ineliminabili e di fondamentale importanza reciproca, ha pensato che fosse suo compito rendere un qualche servizio, quello a lui più congeniale: correggere abitudini, credenze, storture, semplificazioni, diseconomie vecchie e nuove che, mentre producono effetti negativi sulla salute dei singoli soggetti appartenenti alle varie categorie, sono apportatrici di svantaggi e disordini sociali sino all'eversione ed al caos. In altre parole Ramazzini fa capire che sente come suo dovere-piacere intellettuale quello di esplicare il proprio ruolo in un generale processo di razionalizzazione e conservazione dell'ordine sociale esistente. È oltre modo difficile, e forse poco utile, discutere approfonditamente la concezione politica e sociale del nostro, tanto più che risultano carenti o del tutto assenti suoi scritti e testimonianze riguardanti specificatamente tali argomenti. *La Salute dei Principi* non risulta inserita, come lo è, ad esempio, il *De Vita* di Ficino, o, per altri versi, *La città del sole* di Campanella o l'opera e le azioni di Paracelso, in un sistema complessivo di concezione della vita e del

---

[13] MAGGIORA A., *L'opera igienica di Bernardino Ramazzini*, cit.

mondo più o meno utopico e rivoluzionario. Neppure si può dire che risenta, direttamente e da vicino, delle grandi trattazioni sulla figura del principe che vanno da *De Regimine principum* di San Tommaso[14] a *La Figura ideale del principe e dello stato* di Leibniz[15], suo contemporaneo e corrispondente, passando attraverso *Il Principe* di Machiavelli[16], che Ramazzini pure doveva conoscere. Ma egli non poteva considerarsi uno specialista delle dottrine dello stato e quindi con titolo per parlarne con autorità ed impunemente. In questo senso non può che apparire troppo netto e ridondante il giudizio che Panseri formula su Ramazzini in occasione di un suo breve accenno alle ragioni storiche, politiche ed economiche che in Italia, nel corso del XVIII secolo, avrebbero consentito lo sblocco di quell'arte di governo fondata sui principi di sorveglianza e quindi sia sul rispetto di malanni, doveri e virtù dei soggetti appartenenti ai diversi strati sociali, sia sulla istituzione della polizia medica, carceri, lazzaretti, corporazioni, ospedali sui quali tanto e con molto seguito ha scritto Foucault[17]. Panseri sostiene che

> L'opera medica di Bernardino Ramazzini è, a questo proposito, estremamente interessante, perché, pur muovendosi all'interno dell'antico sistema, costituisce tuttavia la premessa per il suo superamento. Nel *De Principum valetudine tuenda Commentatio* (1710) il discorso fatto intorno alla figura del principe si svolge secondo schemi ancora tradizionali: buon sovrano è quello che agisce *ad pubblicum bonum*; la sua salute andrà salvaguardata in

---

[14] Tommaso d'Aquino, *De Regimine principum*, a cura di A. Meozzi, Carrabba Editore, Lanciano1933.

[15] Leibniz G.W., *La Figura ideale del principe e dello stato* in: *Scritti politici e di diritto naturale*, Utet, Torino 1951.

[16] Machiavelli N., *Il Principe*, testo originale con la versione in italiano attuale di P. Melograni, BUR, Milano 1991.

[17] Foucault M., *Nascita della clinica*, Einaudi, Torino 1969.

ogni modo perché appena essa si guasta, *a lungo non può più conservarsi la pubblica felicità; infatti i ribelli [perditi] smaniosi di cose nuove, da qui sogliono prendere occasione per travolgere la quiete pubblica con sedizione e guerre civili"*[18].

Per completare questo ragionamento vale la pena di esprimere l'ipotesi che gli atteggiamenti e la concezione filosofica che pervade tutta l'opera di Ramazzini ed anche *La Salute dei Principi* appaiono più modestamente improntati ad un cattolicesimo colto ed anche sociale ed alla convinzione che l'attività dello scienziato in favore dell'umanità non può realizzarsi se non attraverso i principi, così come i principi ed i governanti in genere mancherebbero ai propri doveri verso gli uomini se non fossero ispirati e guidati dagli scienziati. Come scienziato ed innovatore nel campo della prevenzione, Ramazzini offre i suoi servigi al principe che assume una duplice veste, che poi, agli effetti pratici, costituisce un tutt'uno, di uomo e di governante. Può rivestire un qualche interesse il fatto che l'autore, nel corso della trattazione, individui Vittorio Amedeo II di Savoia quale esempio di virtù militari, degno di essere imitato, in particolare perché questo principe non esitò nel dichiarare guerra a Francia e Spagna alleate per salvare la città di Torino.

La Salute dei Principi può essere considerato un secondo *Supplemento* de *Le Malattie dei lavoratori*, molto più affine alla *Dissertazione* sulla salute dei letterati che alla trattazione degli altri mestieri, e non solo per l'ampiezza della trattazione, la completezza, le esemplificazioni e le citazioni abbondanti e quasi mai inopportune; i maggiori punti di contatto e poi l'originalità dell'opera derivano dalla specificità dei fattori di rischio considerati. Risulta preponderante l'approccio, si potrebbe dire, "fisiopa-

---

[18] PANSERI G., *La nascita della polizia medica: l'organizzazione sanitaria nei vari Stati italiani* in: *Storia d'Italia, Annali 3*, Einaudi, Torino 1980, pp. 186-187.

tologico" e "patogenetico", essendo richiesto un impegno maggiore nell'avanzare e sostenere l'ipotesi che diversi tipi di danni alla salute, per certi aspetti definibili meno facilmente "professionali", e diversi da quelli più caratteristici come la gotta, la calcolosi e le coliche, sono da ricondurre a determinate abitudini di vita e ad alcune passioni dell'animo. In alcuni casi, come è comprensibile, questo impegno "fisiopatologico" risulta poco efficace, e non tanto o non solo per mancanza di argomenti e dati scientifici; ciò nonostante viene utilizzato fino in fondo da Ramazzini per dettare con più autorità indirizzi di carattere preventivo. L'autore sembra ragionare guidato da un criterio fondamentale nella medicina preventiva di tutti i tempi, quello secondo il quale è urgente e conveniente eliminare, ove possibile, un fattore di rischio quando esso è conosciuto, oppure solo sospettato, anche prima di poter dimostrare completamente tutte le connessioni che esso intrattiene con una determinata, ed alle volte non specifica, anche perché multifattoriale, malattia o alterazione dello stato di salute.

Diversamente, o in maniera più chiara che nella trattazione degli altri mestieri, l'autore nella compilazione, ed a maggior ragione, nell'attuazione dei precetti utili alla salvaguardia della salute, si dimostra alla continua ricerca della partecipazione del diretto interessato, cioè del principe. Vale a dire che il Ramazzini formalmente si rivolge ai medici dei principi, ma in realtà vuole farsi intendere in primo luogo dagli stessi principi, per convincerli di quello che va dicendo. In questo suo intento più di una volta si scopre, perché, ad esempio, allude in maniera molto ironica al pericolo che corrono i principi quando si ammalano e non possono sottrarsi, anche se lo volessero, alle cure di una moltitudine di medici; ma è anche esplicito quando, a più ripre-

se, sostiene che l'eliminazione dei rischi per la salute dei principi deve procedere di pari passo con la formazione culturale e
del carattere dell'interessato. Lo stesso criterio, sembra voler dire Ramazzini, non può non valere nel caso di chiunque abbia
una qualche responsabilità sociale, e quindi per ogni cittadino.

BIBLIOGRAFIA DELLE OPERE DI BERNARDINO RAMAZZINI

B.R., *De Bello Siciliae / Cento / ex Virgilio. / Ad invictissimum / Galliarum Regem / Ludovicum XIV. / Bernardini Ramazzini / Carpensis / Doctoris Medici. Seguono: Poesie / Del medesimo Autore / Sopra varie gloriose Imprese / Della Maestà Christianissima di / Luigi XIV / Re di Francia, e di Navarra, / In occasione / delle correnti guerre.* Mutinae, Apud Demetrium Dignum, 1677, in 8°.

B.R., *Exercitatio / Iatrapologetica / Bernardini Ramazzini / M. D. / Seu responsum / Ad Scripturam quandam Excell.mi Domini / Annibalis Cervii / Doctoris Medici. / Ad Illustrissimum Dominum / Bartholomaeum / Gattum / Serenissimi / Francisci II / Estensis / Ducis Mutinae, Rhegii, & c. / A secretis, et Status Consiliarum.* Mutinae, Apud Demetrium Dignum, 1679, in 8°.

B.R., *Idem.* Mutinae, Denuo, sed per Cassianos, 1679, in 8°.

B.R., *Relazione / di Bernardino Ramazzini / sopra / il Parto, e Morte dell' Illustrissima Sig. Marchesa / Maria Maddalena / Martellini Bagnesi. / Con una Censura / dell'Eccellentissimo Sig. Dottore / Gio: Andrea Moneglia, / e Risposta / del medesimo Ramazzini alla detta Censura.* in Modana, / Per gli Eredi di Viviano Soliani Stampatori Ducali, 1681, in 4°.

B.R., *Risposta / del Dottore / Bernardino / Ramazzini / alla Seconda Censura / dell' Eccellentissimo Sig. Dottore / Gio: Andrea Moneglia.* In Reggio, per Prospero Vedrotti, 1681, in 4°.

B.R., *Risposta / del Dottore / Bernardino / Ramazzini / Alla terza Censura / dell' Eccellentiss. Sig. Dottore / Gio: Andrea / Moneglia.* In Modana, / Per gli eredi di Viviano Soliani Stampatori Ducali / 1682, in 4°.

B.R., *Ad librum. Bernardini Ramazzini / Medicinae Professoris. In: Bartolomaei Gatti / J. C. Mutinensis / ... / Consilia / Opera, et Studio / Ioannis Galliani ... / nunc primum in lucem edita.* Parmae, / Sumptibus Ioseph de Rossetis Bibliopolae 1688. / Ex Typographia Galeatii Rosati, in 8°.

B.R., *Per essersi trattenuta la Sposa del Gran Principe di Toscana sulla riviera del Panaro un giorno,* Firenze, alla Stella, 1689.

B.R., *De / Costituzione / Anni M.DC.LXXXX / Ac de / Rurali epidemia, / Quae / Mutinensis Agri, et vicinarum Regionum / Colonos graviter afflixit, / Dissertatio. / Ubi quoque Rubiginis natura disquiritur, quae fruges, et fru/ctus vitiando aliquam caritatem Annonae intulit. / Bernardini Ramazzini / in Mutinensi Lyceo / Medicinae Professoris. / Ad Illustrissimum, et Doctissimum Virum / D. Antonium Maliabechium.* Mutinae, 1690. / Typis Haeredum Cassiani Impress. Capit., in 8°.

B.R., *De / Costitutione / Anni M.DC.LXXXXI / Apud Mutinenses / Dissertatio / Bernardini Ramazzini / Medicinae Professoris. / Ad / Illustrissimum, et Celeberrimum Virum / D. Guilielmum / Godifredum Leibnitium / Ser.mi Ernesti Augusti / Luneburgensium, et Brunsvicensium Ducis / Historiographum, et Consiliarum.* Mutinae, 1691. / Typis Haeredum Cassiani Impress. Episc., in 8°.

B.R., *De Fontium / Mutinensium / Admiranda scaturigine / Tractatus / Physico-Hydrostaticus / Bernardini Ramazzini / In Mutinensi Lyceo Medicinae Professoris. / Ad Serenissimum / Franciscum II / Mutinae, Regii &c. / Ducem X.* Mutinae 1691. / Typis Haeredum Suliani Impressorum Ducalium.

B.R., *Idem,* Mutinae, 1692. / Haeredum Cassiani Impress. Episc., in 8°.

B.R., *Applausi festivi / del Panaro / per l'ingresso solenne / in Modana / della Serenissima Signora Duchessa / Margherita / Farnese d'Este / dopo la villeggiatura / di Sassuolo. / Canzone / di Bernardino Ramazzini.* In Modana, / Per gli Eredi Cassiani, [1692].

B.R., *De / Constitutionibus / Annorum / M.DC.XCII, XCIII, et XCIV / in Mutinensi Civitate, et illius / Ditione. / Dissertatio / Bernardini Ramazzini / Medicinae Professoris.* Mutinae, 1695. / Typis Antonii Capponi, et HH. Pontiroli, Impress. Episc., in 8°.

B.R., *Ephemerides / Barometricae / Mutinenses / Anni M.DC.XCIV. / Una / Cum Disquisitione Causae ascensus, / ac descensus Mercurii in Torri- / celliana fistula iuxta diver- / sum Aeris statum. / Bernardini Ramazzini M. P. / Ad Illustrissimum, et Celeberrimum Virum / D. Lucam Schrockium / Academiae Caesareo-Leopoldinae Naturae / Curiosorum Praesidem. / His accessere Epistolae Excellentissimorum DD. / D. Jo.: Baptistae Boccabadati / J.U.D. / et D. Francisci Torti / M.P.* Mutinae, 1695. / Formis Antonii Capponi, ac H.H. Pontiroli, in 16°.

B.R., *Epithalamium ad Rainaldi I, Mutinae Ducis, Sponsam, Carlotam Brunsvicensem in Italiam migrantem.* Mutinae, Capponi, 1696.

B.R., *Francisci / Ariosti / de Oleo / Montis Zibinii, / seu Petroleo Agri Mutinensis / Libellus e Manuscriptis membranis editus / ab Oligero Jacobeo / Haffniae literis Reg. Mai. et Univ. Typograph. / Jo: Bokenhorff, 1690. / Nunc autem ad fidem codicis M.S. ex Biblio-/theca Estensi recognitus, et recusus, / adjecta ejusdem argumenti / Epistola / Bernardini Ramazzini / Profess. Mutinen.* Mutinae, 1698. Typis Antonii Capponi, Episcop. Impress., in 16°.

B.R., *Auctor ad librum*, 1700, si tratta dei 22 versi premessi alla prima edizione de *De / Morbis Artificum / Diatriba* (cfr.).

B.R., *De / Morbis Artificum / Diatriba / Bernardini Ramazzini / In Patavino Archi-Lyceo / Practicae Medicinae Ordinariae / Publici Professoris, / Et Naturae Curiosorum Collegae. / Illustriss., et Excellentiss. DD. Ejusdem / Archi-Lycei Moderatoribus / D.* Mutinae, 1700. / Typis Antonii Capponi, Impressoris Episcopalis, in 16°. Nel 1703 compare una seconda edizione ad Utrecht (*Ultrajecti*, Apud Guilielmum van de Water, Academiae Typographum) in cui la dedica ai Procuratori è sostituita con una lettera del tipografo. Nel 1705 il trattato viene pubblicato a Londra in lingua inglese (*A Treatise of the Diseases of Tradesmen, showing the various influence of particular Trades upon the State of Health; with the best Methods to avoid or correct it, and useful Hints proper to be minded in regulating the Cure of all Diseases incident to Tradesmen. Written in Latin by Bern. Ramazzini, Professor of Physick at Padua. And now done in English.* London, Printed for Andrew Bell, and others, 1705) ed a Lipsia in tedesco (*Bernh. Ramazzini, Prof. Publ. auf der Univ. zu Padua, Untersuchung von den Krankeheiten der Kunstler und Handwerker,* Verlang Johann Ludwing Gleditsch, 1705).

B.R., *Ad Illustriss. & Excellentiss. D. / Bernardum / Trevisanum / Scriptorem Doctissimum / Elegia / D. Bernardini / Ramazzini / Mutinensis, / In Licaeo Patav. publice Medicinam profitentis.* In: *Anniversario / celebrato / con prose, e versi / nella mor-*

te / delli due sposi / Il N.H. s. / Giovanni / Morosini / E la N.D. / Elisabetta Maria / Trevisani [parte II, pp. 139-143: 55 distici latini]. In Venezia, per Michele Hertz, 1702, in 8°.

B.R., *Orationes / Jatrici Argumenti / Quas / In Patavino Gymnasio Pro Anniversaria Studiorum / Instauratione / Habuit / Bernardinus / Ramazzinus / Practicae Medicinae Professor / Illustrissimis, et Excellentissimis D.D. / Ejusdem Gymnasii Moderatoribus / D.* Patavii, 1708. / Ex Typographia Vid. Frambotti, / Et Jo: Baptistae Conzatti, in 16°.

B.R., *De / Principum / valetudine / tuenda / Commentatio /Bernardini Ramazzini / in Patavino Gymnasio Practicae Medicinae / Professoris Primarii / Serenissimo Mutinae Principi / Francisco Estensi / dicata.* Patavii, 1710. / Ex Tipographia Jo: Baptistae Conzatti, in 8°. Lo stesso editore pubblicherà una nuova edizione nel 1717, in 16°.

B.R., *Bernardini Ramazzini / In Patavino Gymnasio Practicae Medi-/cinae Professoris Primarii, / De / Principum / Valetudine / Tuenda / Commentatio, / Dicata / Serenissimo Mutinae Principi / Francisco Estensi. / Accesit praeter Indicem Rerum / Vita Autoris et nova Praefatio / Michaelis Ernesti Ettmulleri, / Philos. et Med. D. Anatomiae et Chir. Prof. Publ. / Extraord. Facultatis Medicae Lipsiens. Assess. et / Academiae Naturae Curios. Collegae.* [Lipsiae] Iuxta exemplar excusum / Patavii / Sumptibus Jo. Frider. Gleditsch / 7 Fili. Bibliopol. Lips. / 1711, in 16°.

B.R., *Bernardini Ramazzini ... de Principum valetudine tuenda Commentatio. Accessit ... vita Autoris et nova praefatio M.E. Ettmulleri ... Trajecti ad Rhenum*, apud Abrahamum a Thiel, 1712.

B.R., *De / morbis / Artificum / Bernardini Ramazzini / in Patavino Gymnasio / Practicae Medicinae Professoris / Primarii / Diatriba / Mutinae olim edita. / Nunc accedit supplementum ejusdem / argumenti, / ac Dissertatio / de / Sacrarum Virginum / valetudine tuenda.* Patavii, 1713. / per Jo: Baptistam Conzattum, in 16°. Le due *Dissertazioni* sulla salute dei letterati e delle vergini religiose hanno avuto anche edizioni a parte. Della seconda fu fatta una traduzione in francese, nel 1724, e da questa la versione tedesca nel 1740; una versione in inglese è del 1964 (In: MeiKlejohn A. and Curran A.P., *A Dissertation on the Care of Health of Nuns*, Medical History, 8:371-375, 1964) ed è stata ristampata in seguito in Occup. Health, 17: 59-65, 1965 ed in J. Occup. Med., 7: 516-520, 1965. *La salute dei letterati* è stata tradotta in italiano nel 1922 (Volgarizzamento del Dott. Emilio Masi pubblicato col testo latino per cura del Comitato Esecutivo del V Congr. Naz. di Med. del Lav., Firenze 11-14 giugno 1922). Le edizioni successive al 1713 della *Diatriba* sono numerose in ogni paese, un elenco sicuramente incompleto è il seguente: 1718, Lipsia (traduzione in tedesco); 1724, Leida (traduzione in olandese); 1724, Leida (traduzione parziale in francese); 1725, Londra; 1740, Parigi (traduzione parziale in francese), 1740, Lipsia e Lauban (traduzione in tedesco dalla traduzione francese); 1743, Venezia; 1745, Venezia (prima traduzione italiana curata dall'abate Chiari di Pisa, Appresso Domenico Occhi); 1745, Padova; 1746, Londra (traduzione in inglese); 1750, Londra (traduzione in inglese); 1764, Upsala (traduzione parziale in francese); 1777, Parigi (traduzione in francese di M. de Fourcroy); 1778, Parigi (ristampa della traduzione del 1777); 1778, Vienna (edizione parziale); 1780-1783, Stendal (nuova traduzione in tedesco); 1821, Milano (ristampa della traduzione italiana del 1745); 1822, Parigi (nuova traduzione francese di Ph. Patissier); 1823, Ilmenau (traduzione in tedesco da quella francese del 1822); 1841, Parigi (ristampa della traduzione del 1778); 1842, Napoli (seconda traduzione italiana su l'ultima edizione di Lipsia per cura di Luigi Albanese, Tip. Filiatre-Sebezio); 1842, Parigi (ristampa di quella del 1841); 1845, Venezia (terza traduzione italiana di M.G. Levi da quella francese di de Fourcroy, co' i tipi di Giuseppe Antonelli); 1855, Parigi (ristampa di quella del 1841); 1857, Venezia (traduzione delle edizione francese di de Fourcroy, coi tipi di Marco Zanotto); 1904, Lipsia (traduzione parziale in tedesco); 1908, Milano (traduzione con note in italiano di G.M. Levi da quella francese di de Fourcroy); 1928, Budapest; 1933, Torino (quarta traduzione italiana di O. Rossi, Edizioni Minerva Medica); 1933, Torino (traduzione francese di O. Cretton, Edizioni Minerva Medica); 1933, New York (traduzione in inglese dal francese di, Medical Lay Press); 1940, Chicago (traduzione in inglese di W.C. Wright, University of Chicago Press); 1953, Roma (con introduzione di A. Pazzini, Ex Typographia Caroli Columbi); 1961, Mosca (traduzione in russo di A.A. Letavet); 1964, Londra e New York (traduzione in inglese di W. C. Wright, introduzione di G. Rosen, Hafner Publishing Company); 1982, Roma (quinta edizione italiana a cura di F. Carnevale, edita dalla Nuova Italia Scientifica); 1986, Madrid (traduzione spagnola, edita dal Ministero della Sanità).

B.R., *Constitutionum / Epidemicarum / Mutinensium / Annorum quinque / Editio secunda / Bernardini Ramazzini / in Patavino Gymnasio Practicae Medicinae / Professoris Primarii. / Accedit / Dissertatio epistolaris / de / Abusu Chinae Chinae / ad / D. Bartholomaeum Ramazzini / Mutinae Medicinam Facientem.* Patavii, 1714. / Ex Typographia Jo: Baptistae Conzatti, in 16°.

B.R., *Annotationes / in librum / Ludovici Cornelii / de / vitae sobriae / commodis / Bernardini Ramazzini / Practicae Medicinae in Patavino Gymnasio / Professoris Primarii. / Serenissimo Principi / Clementi Joanni / Federico / Estensi / dicatae.* Patavii, 1714, / Ex Typographia Jo: Baptistae Conzatti, in 8°.

B.R., *Bernardini / Ramazzini, / Carpensis Philosophi ac Medici, / Olim in Mutinensi Academia / Primi Professoris, postremo in Patavino Lyceo Practicae / Medicinae Professoris Primarii / Opera Omnia, / Medica et Physiologica. / Accessit / Vita Autoris a Barthol. Ramazzino / Med. Doct. ejus ex Fratre Nepote scripta, / Cum figuris, et indicibus necessariis.* Genevae, / Sumptibus Cramer & Perachon. / 1716, in 8°.

B.R., *Bernardini / Ramazzini / Carpensis / Philosophi, ac Medici, / Primum in Mutinensis Academia, Postremo in Patavino Lyceo / Practicae Medicinae Professoris Primarii, / Opera Omnia, / in quatuor Tomos divisa. / Editio Novissima Genevae auctior, et / correctior.* Patavii, 1718. / Ex Typographia Jo: Baptistae Conzatti, in 16°. Le edizioni successive dell'*Opera Omnia* seguono sostanzialmente questa edizione padovana del 1718: 1718, Londra (P. et I. Vaillant, terza edizione londinese); 1730, Napoli (Poletti); 1739, Londra (P. et I. Vaillant, quarta edizione londinese); 1739, Napoli (Ponzelli); 1742, Londra (P. et I. Vaillant, quinta edizione londinese); 1742, Napoli (?); 1750, Napoli (Poletti); 1750, Londra (?); 1828, Lipsia (Voss).

[B.R.], *L'art de conserver / la Santé / des Princes / et des Personnes du Premier Rang. / Auquel on a ajouté, / l'Art de conserver / la Santé / des Religieuses, / et / les avantages / de la vite sobre / du Seigneur Louis Cornaro / Noble Venitien / Avec des Remarque sur se Dernier, / aussi Courieuses, que Necessaires,* 1724 à Leide / Chez Jean Arn. Langerak, / in 16°.

B.R., *Le Malattie dei lavoratori (De Morbis artificum diatriba),* a cura di Francesco Carnevale, La Nuova Italia Scientifica, Roma 1982.

BIBLIOGRAFIA

BERRETTARI FRANCESCO, *Berrettarii / Francisci, / Carminum / Secundae Partis / Libri sex. / Ad Illustriss. Clariss. Sapientiss. V. / D. Antonium / Maliabechium / Cosmi III. Magni Ducis Etruriae / Bibliothecarium.* Massae 1693, / Ex Typographia Hieronymi Marini, in 16°.

CONTI LAURA, *Profilo di Bernardino Ramazzini*, La med. internaz., 1941, 49: 76-78.

CORNARO ALVISE, *Scritti sulla vita sobria, elogio e lettere*, Prima edizione critica a cura di Marisa Milani, Corbo e Fiore Editori, Venezia 1983.

DI PIETRO PERICLE (a cura di), *Epistolario di Bernardino Ramazzini, pubblicato in occasione del CCL anniversario della morte*, Stab. Tip. P. Toschi & C., Modena 1964.

DI PIETRO PERICLE, *Carteggio fra Ramazzini e Leibniz*, Atti e Memorie della Deputazione di Storia Patria per le Antiche Province Modenesi, 1965, Serie IX, IV-V: 141-174.

DI PIETRO PERICLE, *Le fonti della "Diatriba de morbis artificum" di Bernardino Ramazzini*, Atti del XXI Congr. Intern. Storia Med., Siena, 22-28 settembre 1968, [1968], pp. 1023-1029.

DI PIETRO PERICLE, *Bibliografia di Bernardino Ramazzini*, Istituto Italiano di Medicina Sociale Editore, Roma 1977.

DI PIETRO PERICLE, *Bernardino Ramazzini nel CCCL anniversario della nascita: 1633-1983*, Libreria Il Portico, Carpi 1983.

Donaggio Arturo, *Bernardino Ramazzini e la sua opera nel periodo modenese (1671-1700)*, Atti del VII Congr. Naz. Med. del Lavoro, pp. 129-138, Parma, Modena, Carpi, 24-26 ottobre 1927, [1928].

Ficino Marsilio, *De vita*, a cura di Albano Biondi e Giuliano Pisani, Edizioni Biblioteca dell'Immagine, Pordenone 1991.

Foucault Michel, *Nascita della clinica*, Einaudi, Torino 1969.

Leibniz Gottfried Wilhelm, *La Figura ideale del principe e dello stato* in *Scritti politici e di diritto naturale*, UTET, Torino 1951.

Lessio Leonardo, *L'arte di godere sanità perfetta*, Casa Editrice Sonzogno, Milano 1910.

Machiavelli Niccolò, *Il Principe*, testo originale con la versione in italiano odierno di Pietro Melograni, Biblioteca Universale Rizzoli, Milano 1991.

Maggiora Arnaldo, *L'opera igienica di Bernardino Ramazzini*, Società Tipografica Modenese, Antica Tipografia Soliani, Modena 1902.

Panseri Guido, *La nascita della polizia medica: l'organizzazione sanitaria nei vari Stati italiani*, in *Storia d'Italia, Annali 3*, Einaudi, Torino 1980 .

Premuda Loris, *L'istanza sociale in Ramazzini pre-illuminista*, Med. Lav., 1983, 74: 433-441.

Pujati Giuseppe Antonio, *Della preservazione della salute de' letterati e della gente applicata e sedentaria*, Presso Antonio Zatta in Venezia, 1768.

Ramazzini Giuseppe, *Controversia / medico-letteraria / fra i Signori Dottori / Gio: Andrea Moneglia / e / Bernardino Ramazzini / in occasione del parto, e morte / dell'Illustrissima Signora Marchesa / Martellini Bagnesi / seguita in Modena l'Anno MDCLXXXI. / In questa nuova impressione accresciuta d'una risposta / non più stampata del Ramazzini alla Quarta / Censura del Moneglia / con altro ragionamento / Intorno il comun pericoloso metodo d'estrarre colla / mano le Secondine / del Dottore / Gioseffo Ramazzini / Professore di Medicina, e Pronipote del suddetto / Bernardino Ramazzini. In Modena 1758. / Per gli Eredi di Bartolomeo Soliani Stampatori Ducali*, in 8°.

RANELLETTI ARISTIDE, *Bernardino Ramazzini*, Atti del IV Congr. Naz. per le Malat. del Lav., pp. 285-304, Roma 8-11 giugno 1913, [1913].

SAMMARINI ACHILLE, *Bernardini et Bartholomaei Ramazzini Carmina alia*, in: *Memorie Storiche e Documenti sulla Città e sull'Antico Principato di Carpi*, Vol. II, pp. 243-275, Pederzoli e Rossi, Carpi 1880.

TISSOT SIMONE ANDREA, *Della salute dei letterati*, Casa Editrice Giardini, Pisa 1963.

TOMMASO D'AQUINO, *De Regimine principum*, a cura di Antero Meozzi, Carrabba Editore, Lanciano 1933.

FINITO DI STAMPARE
NEL SETTEMBRE 1992
DALLA TIPOGRAFIA IL TORCHIO
PER CONTO DELL'EDITORIALE TOSCA SRL
A FIRENZE